플레이스
설계자

플레이스 설계자

이성원 지음

광고비 0원, 플레이스만으로
매출을 만드는 구조

필름

프롤로그

사장님, 혹시 이런 경험 있으신가요?

매달 통장에서 빠져나가는 광고비. 대행사에서 보내주는 보고서에는 '노출 수 증가', '클릭률 상승' 같은 숫자가 빼곡한데, 정작 매장에 새로 찾아온 손님은 없습니다. 전화해서 물어보면 '좀 더 지켜보셔야 합니다'라는 말만 돌아옵니다.

돈은 쓰는데 효과는 모르겠고, 그렇다고 멈추자니 매출이 더 떨어질 것 같은 불안. 저는 그 감정을 압니다. 수백 명의 사장님을 만나면서, 많은 분이 같은 고통을 겪고 계셨으니까요.

이 책은 그 고통 한복판에서 시작됐습니다.

저는 원래 마케팅을 가르치는 사람이 아니었습니다. 스타트업에 뛰어들었다가 크게 실패하고, 정신적으로도 바닥을 찍은 적이 있습니다. 겨우 다시 일어나서 시작한 게 1인 광고 대행이었습니다. 작은 가게들의 콘텐츠를 만들어 페이스북 광고를 통해 신규 고객을 보내주는 서비스를 하고 있었습니다. 그러던 어느날 미용실 원장님으로부터 한 통의 전화가 걸려왔고 저에게 하소연을 하셨습니다.

이야기를 들어보니, 네이버라는 곳에서 연락이 와서 한 달에 15만 원을 내면 블로그체험단은 무제한으로 보내주고, 네이버 상위노출을 해주겠다는 말을 믿고 덜컥 계약을 한 겁니다. 한 달에 15만 원인데 1년 계약을 해야 한다고 해서 180만 원을 한 번에 냈습니다. 상위노출이란, 손님이 네이버에서 검색했을 때 내 가게가 첫 페이지 상단에 뜨는 것을 말합니다. 모든 사장님이 원하는 자리죠. 그런데 3개월이 지나도 신규 고객은 단 1명도 늘지 않았습니다. 블로그 체험단은 딱 1명이 왔고, '상위노출'이 된다는 키워드 — 손님이 검색창에 입력하는 단어 — 는 아무도 검색하지 않는 단어였습니다. 180만 원이 그냥 사라진 거였습니다.

그날 저는 화가 났습니다. 원장님한테가 아니라, 이 구조에. 대행사는 '노출'만 올리면 책임이 끝나고, 그 노출이 실제 방문으로 이어지든 말든 상관하지 않습니다. 계약서에 '매출 성과'는 없고 '노출 보장'만 있으니까요. 사장님은 돈을 내고, 대행사는 숫자

AI 생성 이미지

를 보여주고, 매장에는 아무 변화가 없는 그 구조가 너무 화가 났습니다.

홧김이었습니다. '제가 한번 해볼게요. 돈 안 받을게요.'

그렇게 그 원장님의 플레이스를 처음부터 다시 잡았습니다. 그때부터 플레이스를 연구하기 시작했고, 하나씩 채워나갔습니다. 대단한 기술이 아니었습니다. 스타트업 시절 배우고 써먹었던 마케팅의 기본을 채운 것뿐이었습니다.

일주일 뒤, 플레이스 검색 1페이지에 올랐습니다. 예약 전화가 오기 시작했습니다. 대행사에 180만 원을 쓰고도 오지 않던 신규 고객이, 기본 세팅만 바로잡은 뒤 일주일 만에 들어오기 시작한 겁니다.

그 순간이었습니다. 저도 몰랐던 것을 깨달은 순간.

문제는 사장님의 실력이 아니었습니다. 대행사의 능력도 아니었습니다. 고객이 어떻게 움직이는지를 아무도 설명해 주지 않았다는 것, 그게 진짜 문제였습니다. 노출이 되면 자동으로 손님이 온다고 믿게 만든 것. 그 믿음 자체가 잘못된 거였습니다. 노출은 시작일 뿐입니다. 고객이 검색 결과에서 가게들을 비교하고, 그 중에 괜찮아 보이는 가게를 클릭하고, 플레이스에 들어와서 리뷰를 확인하고, 예약 버튼을 누르기까지. 이 흐름 전체가 설계되어 있지 않으면, 아무리 노출을 올려봐야 구멍 난 양동이에 물 붓는 것과 같습니다.

그 뒤로 저는 7년간 900건가량의 가게를 직접 컨설팅하면서 하나의 패턴을 발견했습니다.

잘되는 가게와 안 되는 가게의 차이는 맛이나 기술이 아니었습니다. 사실, 이제 맛이나 서비스의 퀄리티는 상향 평준화되었습니다. 중요한 건, 고객이 가게를 발견하고, 비교하고, 검증하고, 방문을 결정하는 그 흐름을 설계했느냐 아니냐의 차이였습니다.

하루 매출이 0원인 날도 있었던 삼겹살집 사장님이 계셨습니다. 플레이스가 있긴 했지만, 사진 한 장에 전화번호만 달랑 올려

둔 수준이었습니다. 그분이 직접 플레이스의 기본부터 바로잡기 시작했습니다. 사진을 바꾸고, 메뉴를 정리하고, 고객 리뷰에 하나씩 답글을 달았습니다. 특별한 광고비를 쓴 게 아닙니다. 그런데 매출이 눈에 띄게 달라지기 시작했습니다. 그 사장님이 말씀하셨습니다. **'아무도 모르는데 어떻게 오겠습니까.'**

맞는 말입니다. 아무리 맛이 좋아도, 아무리 기술이 뛰어나도, 고객이 사장님의 가게를 발견하고 '여기 가봐야겠다'라고 결심할 수 있는 구조가 없으면 아무 소용이 없습니다.

그런데 사장님, 지금 이 이야기가 유독 절실하게 느껴지신다면 이유가 있습니다. 지금 자영업 시장은 단순한 경기 불황이 아닙니다. 한국에서 연간 100만 개 이상의 자영업이 문을 닫습니다. 살아남은 가게도 안심할 수 없습니다. 마케팅의 판 자체가 바뀌고 있기 때문입니다.

예전에는 좋은 자리에 가게를 열고, 맛이나 기술이 좋으면 입소문이 나서 손님이 왔습니다. 지금은 다릅니다. 밥을 먹으러 나가기 전에, 머리를 하러 가기 전에, 먼저 스마트폰을 꺼냅니다. 여행을 계획할 때에도, 병원을 찾을 때에도, 아이 학원을 보낼 때에도 네이버를 엽니다. 검색하고, 비교하고, 리뷰를 읽고, 그 다음에 발걸음을 옮깁니다. 고객의 모든 소비 결정이 플레이스 안에서 이뤄지는 세상이 된 겁니다.

여기에 더해, 네이버의 'AI 브리핑' 같은 인공지능 기반 추천 시스템이 빠르게 바뀌고 있습니다. 예전에는 클릭 수만 많으면 상위에 올라갔습니다. 지금은 AI가 리뷰 내용을 읽고, 사진의 품질을 분석하고, 고객의 행동 패턴까지 분석합니다. 이 변화를 모르면 어느 날 갑자기 검색에서 사라집니다. 아무것도 안 바뀌었는데 순위가 떨어지는 경험, 사장님도 하신 적 있으시죠? 그게 전부 변화하는 알고리즘 때문입니다.

제가 수백 명의 사장님을 만나면서 가장 강하게 느낀 변화가 있습니다. 예전에는 '좋은 대행사 좀 소개해 주세요'라는 질문이 많았습니다. 지금은 다릅니다. '제가 직접 배우고 싶습니다'라는 말이 압도적으로 많아졌습니다. 대행사에 맡겼다가 돈만 날린 경험, 어뷰징에 걸려서 플레이스가 제재당한 경험, 계약서에 적힌 '상위노출 보장'이 사기였던 경험. 이런 일을 겪고 나면 결론은 하나로 모입니다. '남한테 맡기면 안 되겠구나. 내가 알아야 하는구나.'

이걸 저는 '마케팅 주권을 회복하는 단계'라고 생각합니다.

사장님, '자영업'이라는 단어를 한번 뜯어보신 적 있으신가요?

자영업. 스스로 경영하는 직업입니다.

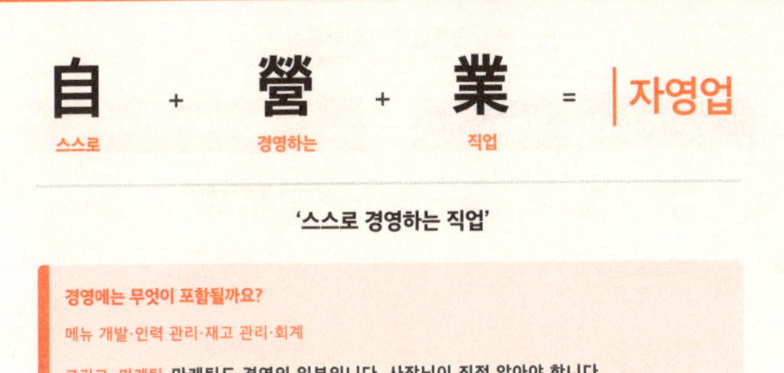

경영에는 무엇이 포함될까요? 메뉴 개발, 인력 관리, 재고 관리, 회계. 그리고 마케팅. 마케팅도 경영의 일부입니다. 그런데 많은 사장님이 마케팅만큼은 남에게 통째로 맡기려 합니다. 요리를 대행사에 맡기는 사장님은 없는데, 마케팅은 대행사에 맡기는 사장님이 수없이 많습니다.

물론 전문가의 도움이 필요한 때가 있습니다. 하지만 적어도 내 가게에 손님이 오는 구조가 어떻게 돌아가는지, 지금 어디가 막혀 있는지, 그것만큼은 사장님이 직접 알아야 합니다. 그래야 대행사를 쓰더라도 제대로 된 요구를 할 수 있고, 보고서를 보고 진짜인지 아닌지 판단할 수 있습니다.

이 책은 그 주권을 되찾는 안내서입니다. 대행사가 보여주는 숫자의 의미를 사장님이 직접 판단할 수 있게, AI가 바꿔놓은 검색 환경에서 내 가게가 살아남을 수 있게, 그리고 무엇보다 진짜 매출로 이어지는 구조를 사장님 손으로 직접 만들 수 있게.

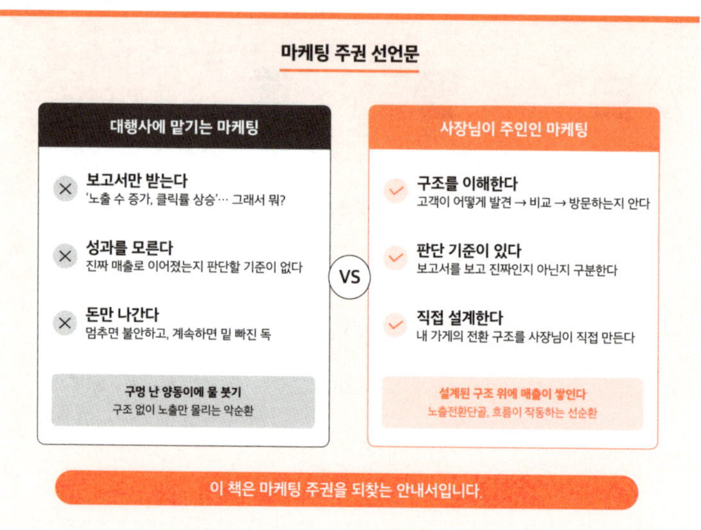

제가 이 책을 쓴 이유가 여기 있습니다.

사장님이 마케팅의 주인이 되셔야 합니다.

그래서 이 책에는 지도가 하나 들어 있습니다.

고객이 어떤 상황에서 검색하고(Trigger), 어떻게 찾아보고 (Search), 무엇을 비교하고(Compare), 어떤 기준으로 검증하고 (Verify), 어떤 순간에 방문을 결정하고(Action), 주변에 알리는지 (Share). 이 여섯 단계의 고객 행동 흐름을 저는 고객 방문 설계 6 단계(TSCVAS) 모델이라 부릅니다. 이 모델이 이 책의 뼈대입니다.

PART 1에서는 왜 지금 사장님의 마케팅이 안 되는지, 그 진짜

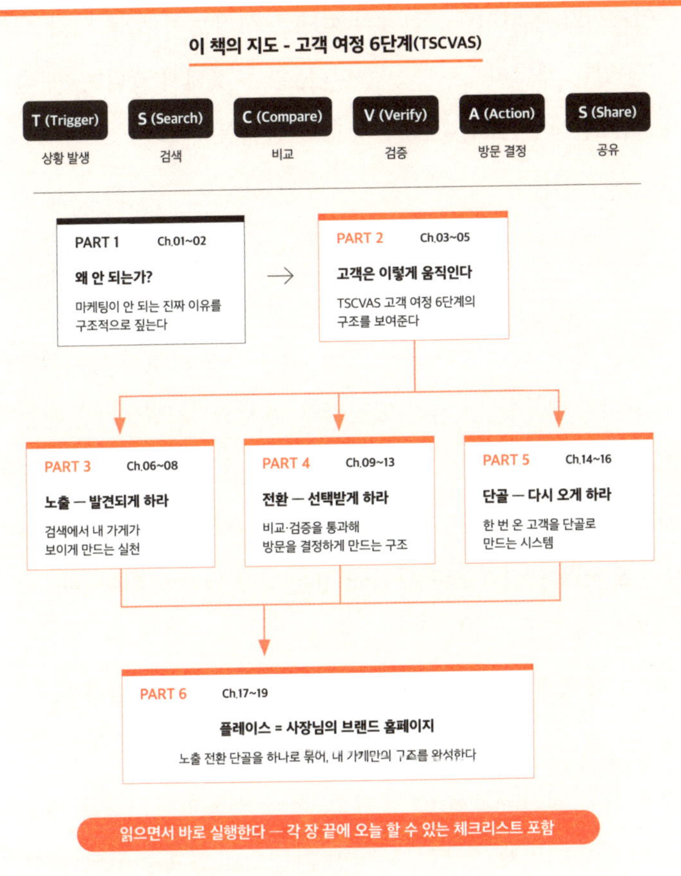

이유를 짚습니다. PART 2에서는 고객이 실제로 어떻게 움직이는지 구조를 보여드립니다. PART 3~5에서는 노출, 전환, 단골이라는 세 축을 하나씩 실전으로 풀어드립니다. 마지막 PART 6에서는 이 모든 것을 하나로 묶어, 플레이스를 사장님만의 브랜드 홈페이지로 만드는 방법을 알려드립니다.

이론서가 아닙니다. 각 장의 끝에는 사장님이 오늘 당장 시작할 수 있는 체크리스트가 있습니다. 읽는 것에서 끝나는 게 아니라, 읽으면서 바로 실행할 수 있도록 만들었습니다.

'명우 한우' 사장님은 20년 넘게 한우 유통업에 종사하셨습니다. 고기를 다루는 건 자신 있었지만, 손님을 부르는 일은 완전히 다른 영역이었습니다. 대행사에 월 40만 원, 세팅비 200만 원. 총 440만 원을 맡겼지만 6개월 동안 아무 변화가 없었습니다. 항의하니 오히려 관리가 소홀해졌습니다. 그때 깨달으셨습니다.

'남에게 맡겨서는 답이 없다. 내가 직접 해야 한다.'

네이버, 인스타그램, 플레이스. 하나씩 독학하기 시작했습니다. 고객이 어떻게 검색하고, 어떤 기준으로 가게를 고르는지, 그 구조를 이해한 뒤 직접 적용했습니다. 한 달 만에 네이버 주간 인기급상승 매장에 올랐고, 월매출은 1억 5천만 원을 넘어 2억 원을 향해 가고 있습니다.

이 책은 이런 사장님들을 위해 썼습니다. 마케팅을 한 번도 해본 적 없는 분. 컴퓨터가 어려운 분. 뭘 해야 하는지, 어디서부터 시작해야 할지 모르는 분. 돈은 쓰는데 왜 안 되는지 답답한 분.

'신사역한우' 검색 상위노출 캡처 사진

사장님도 하실 수 있습니다. 컴퓨터를 잘 못 다루셔도 됩니다. 마케팅을 전혀 모르셔도 됩니다. 이 책이 처음부터 끝까지, 순서대로, 하나씩 알려드리겠습니다.

다만, 한 가지만 약속해 주세요. 이 책을 끝까지 읽겠다는 것. 그리고 한 가지라도 직접 해보겠다는 것. 그 결심 하나면 충분합니다.

매출은 감이 아니라 설계입니다. 천천히, 하지만 정확하게 같이 가겠습니다.

이 책을 읽기 전에, 딱 네 가지만 점검해 보세요.

- 스마트폰으로 내 가게 이름을 네이버에 검색해 보세요. 고객 눈에 어떻게 보이나요?

- 대행사를 쓰고 있다면, 계약서를 꺼내보세요. '매출 성과'가 적혀 있나요, '노출 보장'만 적혀 있나요?

- 지난달 마케팅에 쓴 돈을 합산해 보세요. 그 돈으로 신규 고객이 몇 명 왔는지 아시나요?

- 이 책을 끝까지 읽고, 한 가지라도 직접 해보겠다고 결심하세요. 그 결심이 출발점입니다.

네 가지 모두 준비가 되어 있다면, 이 책은 사장님의 마케팅을 한 단계 더 끌어올려 줄 겁니다. 하나라도 준비가 안 되어 있다면, 이 책이 그 빈자리를 채워드리겠습니다.

📝 **한 줄 정리**

**'180만 원을 주고 안 오던 손님이,
기본 구조를 잡은 뒤 일주일 만에 찾아왔다.
돈이 아니라 구조가 매출을 만든다.'**

이 책의 사용법

사장님, 이 책은 중요한 내용으로 가득 차 있습니다. 프롤로그부터 부록까지. 하지만 걱정하지 마세요. 이 책에는 하나의 줄기가 있습니다.

고객이 어떻게 움직이는지 이해하고, 그 흐름에 맞게 내 플레이스를 설계하는 것.

마케팅의 본질은 기법이 아니라 고객 분석입니다. 이 책은 그 분석의 틀을 드리고, 그걸 사장님의 플레이스에 직접 적용하는 방법을 알려드립니다.

이 책을 읽는 순서

이 책은 순서대로 읽도록 설계했습니다. 앞장의 원리가 뒷장의 실전을 떠받치는 구조이기 때문입니다.

특히 3장의 고객 방문 설계 6단계(TSCVAS) 모델은 이 책의 뼈대입니다. 고객이 가게를 발견하고, 비교하고, 검증하고, 방문을 결정하는 여섯 단계의 흐름. 이걸 이해해야 이후 모든 장이 왜 그 순서로 놓여 있는지 보입니다.

1~3장에서 구조를 잡고, 4장부터는 그 구조의 각 단계를 하나씩 실전으로 채워나가는 흐름입니다. 다만, 3장까지 읽은 뒤에는 사장님 상황에 따라 순서를 바꿔도 됩니다.

노출이 안 되는 게 문제라면 → PART 3(6~8장)부터

노출은 되는데 예약이 안 잡힌다면 → PART 4(9~13장)부터

손님은 오는데 재방문이 없다면 → PART 5(14~16장)부터

어디가 막혀 있는지 모르겠다면, 그냥 순서대로 읽으세요. 이 책이 알려드립니다.

이 책의 구조, 한눈에 보기

PART 1 (1~2장) — 왜 열심히 해도 안 되는가?

PART 2 (3~5장) — 고객은 어떻게 움직이는가?

PART 3 (6~8장) — 검색에서 어떻게 발견되는가?

PART 4 (9~13장) — 발견된 뒤 어떻게 선택받는가?

PART 5 (14~16장) — 한 번 온 고객을 어떻게 단골로 만드는가?

PART 6 (17~19장) — 이 모든 걸 어떻게 하나로 연결하는가?

PART 1~2에서 고객이 움직이는 원리를 이해하고, PART 3~5에서 노출·전환·단골의 세 축을 실전으로 익히고, PART 6에서 전체를 플레이스 하나로 묶습니다.

이 책을 200% 활용하는 세 가지 팁

첫째, 기법보다 원리를 먼저 잡으세요. 대표 사진 바꾸는 법, 키워드 잡는 법 — 이런 기법은 5장 이후에 나옵니다. 하지만 1~3장의 원리를 모르면 왜 그렇게 해야 하는지 이해할 수 없고, 이해 없는 실행은 오래가지 못합니다. 급하더라도 3장까지는 꼭 읽고 넘어가세요.

둘째, '지금 바로 해보세요'를 진짜로 해보세요. 매 장 끝에 체크리스트가 있습니다. 읽기만 하면 절반입니다. 한 가지라도 직접 해봐야 내 것이 됩니다. 5분이면 시작할 수 있는 것들로 골랐습니다.

셋째, 내 업종과 비슷한 사례에 밑줄을 치세요. 이 책에는 음식점, 뷰티숍, 카페, 독립서점, 피부관리실까지 다양한 업종의 사례가 나옵니다. 내 상황과 겹치는 사례를 표시해 두면 그게 사장님만의 실행 로드맵이 됩니다.

사장님, 이 책은 한 번 읽고 꽂아두는 책이 아닙니다. 플레이스를 손볼 때마다, 키워드를 정할 때마다, 리뷰 답글을 쓸 때마다 꺼내 보는 작업 매뉴얼입니다. 그리고 제가 강의와 컨설팅에서 말씀드리는 모든 전략의 근거가 이 안에 담겨 있습니다.

자, 이제 시작하겠습니다.

사장님, 혼자 두지 않을게요.
함께 설계합시다.

이 책을 읽기로 결심하신 사장님, 그 용기를 응원합니다.
다음 QR을 찍으시면, 독자님만을 위한 네 가지 혜택이 기다리고 있어요.

독자 전용 단톡방
은코치와 함께 사장님을 응원하고 돕고 공부하는 커뮤니티.

은코치 챗봇
책 내용이 궁금할 때 24시간 즉시 답변. 새벽에도 괜찮아요.

무료 플레이스 진단
내 가게 URL만 넣으면 22개 항목 자동 진단. 30초면 끝.

첫 7일 실행 가이드
책 1~3장을 읽으며 매일 10분,
내 가게 현재 위치를 파악하는 체크리스트.

매출은 감이 아니라 설계의 결과입니다.
천천히, 하지만 정확하게, 함께 가겠습니다.

목차

프롤로그   05

Part 1. 마케팅 주권 회복의 첫 단추   25
    1장. 열심히 하는데 매출이 안 따라오는 사장님께   26
    2장. 대행사 말고, 사장님이 먼저 알아야 할 것   36

Part 2. 고객을 알면, 매출이 보인다   49
    3장. 고객은 우연히 오지 않는다: 고객 방문 설계 6단계 모델   50
    4장. 고객은 언제, 왜 검색하는가   69
    5장. 1,000명이 봤는데 예약은 5건인 이유   81

Part 3. 키워드를 지배하는 방법   95
    6장. 상위노출해야 하는 키워드는 따로 있다   96
    7장. 키워드에 대한 흔한 오해   106
    8장. 작은 성 5개에서 큰 성 1위까지   117

Part 4. 전환 구조의 설계   129

9장. 신규 고객을 불러 모으는 대표 사진   130

10장. 10초 안에 이탈을 막는 플레이스 메인 화면 설계   144

11장. 새벽 2시의 고객도 놓치지 않는 예약 시스템   158

12장. 매출 3배 만드는 전환율 10단계 전략   165

13장. 제철 코어 마케팅: 계절을 무기로 쓰는 법   178

Part 5. 다시 찾아오는 고객을 만들기   189

14장. 왜 매출이 올라도 남는 게 없을까: LTV의 비밀   190

15장. 멤버십과 피크엔드 법칙으로 재방문 설계하기   201

16장. 0원짜리 메시지로 트리거를 만들어라   215

Part 6. 플레이스라는 매출 엔진 이해하기   231

17장. 모든 마케팅의 종착역, 플레이스   232

18장. 광고는 마지막이다   248

19장. 4주 실행 로드맵: 오늘부터 시작하세요   262

에필로그 │ 사장님, 이제 당신이 마케팅의 주인입니다   274

부록. 업종별 고객 방문 설계 6단계 적용 체크리스트/용어집   281

마케팅 주권 회복의 첫 단추

1장.
열심히 하는데
매출이 안 따라오는 사장님께

사장님, 오늘도 가게 문을 닫으며 이런 생각 하신 적 있으시죠.

옆 가게는 우리보다 늦게 열었는데 줄을 섭니다. 우리 가게 앞은 조용합니다. 그 차이가 실력이 아니라는 건 사장님도 알고 계십니다. 그런데 뭐가 다른 건지, 정확히 짚이지 않습니다. 그게 가장 답답한 겁니다.

실력이 부족해서가 아닙니다. 실력이 뛰어난데도 안 되니까 더 억울한 겁니다.

하루 매출이 0원이던 날도 많았습니다.

'아무도 모르는데 어떻게 오겠습니까.'

두 가지 착각

첫 번째, '기술이 좋으면 입소문으로 충분하다.'

여기서 중요한 건, 월 10만 건이 넘는 '강남역 맛집' 같은 큰 키워드에 1등을 해야 한다는 뜻이 아닙니다. 오히려 반대입니다. 검색량이 많은 키워드는 많은 가게와 경쟁을 해야 하고, 상위노출 되어 있는 가게들이 막대한 마케팅 비용을 쓰기 때문에 이들을 제치고 노출이 되기는 매우 어렵습니다. 더군다나, 강남역 맛집을 검색하는 고객 중 내 가게에 파는 메뉴를 원하는 고객은 비율이 매우 적습니다. 하지만, 작은 성 키워드는 다릅니다. 고객의 뾰족한 니즈가 반영되어 구체적으로 검색합니다. '강남역 회식', '강남역 삼겹살', '강남역 스테이크 맛집'처럼요. 이런 작지만 전환

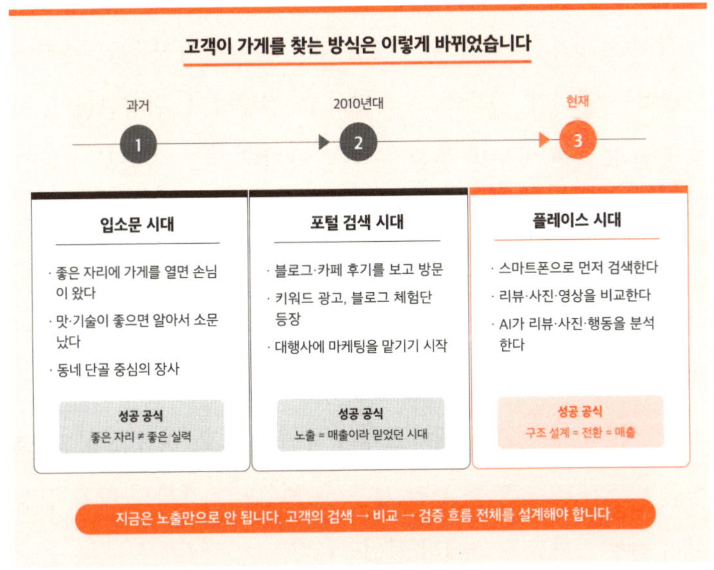

율이 높은 키워드에서 노출되고, 들어온 고객이 전화를 걸고, 예약을 누르고, 다시 찾아오는 구조를 만드는 것. 그게 이 책에서 다룰 진짜 마케팅입니다.

블로그를 쓰고, 인스타를 올리고, 쿠폰을 만들고, 광고를 돌립니다. 분명 '뭔가'를 하고 있습니다. 그런데 매출은 그대로입니다.

인스타를 해도, 유튜브를 해도, 블로그를 써도 결국 고객이 마지막으로 확인하는 곳은 플레이스입니다. 가게 이름을 검색했을 때 나오는 그 한 페이지. 거기서 사진을 보고, 리뷰를 읽고, 메뉴를 확인하고, 예약 버튼을 누릅니다. 모든 마케팅의 종착역이 플레이스라는 뜻입니다. 그런데 그 종착역이 엉망이면, 아무리 많은 길을 닦아도 고객은 도착하자마자 돌아갑니다.

그렇다면 뭘 알아야 할까요? 답은 간단합니다.

고객은 가게를 '선택'하지 않습니다. 탈락시키지 않는 가게에 도달하는 겁니다. 검색하고, 비교하고, 검증하고, 결정합니다. 이 흐름을 모르면 아무리 좋은 도구를 가져다 놔도 작동하지 않습니다.

처음에는 입소문의 시대였습니다. 동네 사람끼리 '거기 맛있더라'고 전하면 그게 마케팅이었습니다. 그다음은 포털 검색의 시대. 블로그에 글을 쓰고 카페에 홍보하면 고객이 찾아왔습니다. 그리고 지금, 고객은 플레이스에서 사진을 보고, 리뷰를 읽고, 별점을 비교하고, 지도를 눌러 길을 찾습니다. 검색부터 방문 결정까지 전부 스마트폰 안에서 일어납니다.

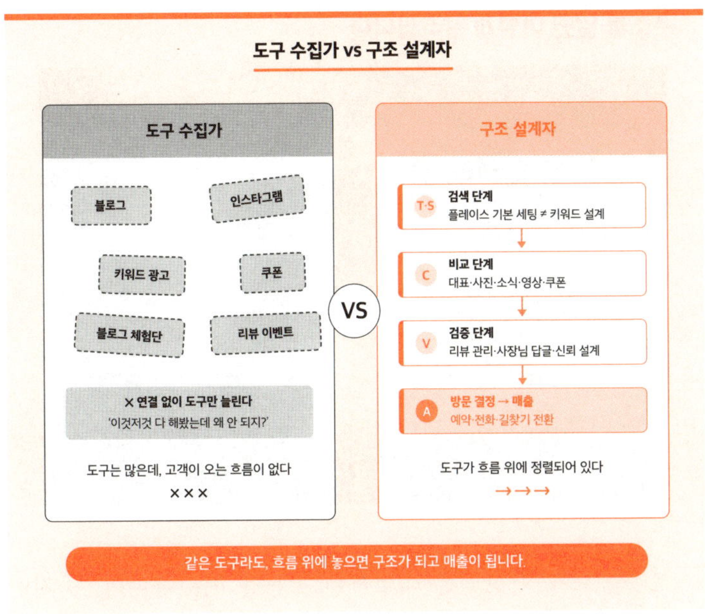

사장님, 이렇게 생각을 바꿔보시면 어떨까요. '내가 무엇을 할까'가 아니라, '고객이 무엇을 하는가'를 먼저 묻는 겁니다. 고객의 행동이 보이면, 어떤 도구를 어디에 놓아야 하는지도 자연스럽게 보입니다.

이 책은 마케팅 기법서가 아닙니다. 사장님이 마케팅의 주인이 되는 책입니다.

구조를 알면 이렇게 달라집니다

'로얄생고기' 사장님은 대행사에도 돈을 써봤습니다. 하지만 달라지지 않았습니다.

'돈을 쓴다고 매출이 오르지는 않았습니다.
누군가 대신 해준다고 해결되는 문제가 아니었습니다.'

그래서 결심했습니다. 대행사가 아니라, 직접 알아야겠다고.

플레이스가 뭔지, 키워드가 뭔지, 고객이 어떤 경로로 가게를 찾는지. 기초부터 하나씩 배우기 시작했습니다. 플레이스 소개를 정리하고, 예약을 세팅하고, 쿠폰을 만들고, 영수증 리뷰를 하루에 하나씩 쌓았습니다. 화려한 기술이 아니었습니다. 고객이 검색하고 비교하는 구조를 이해한 뒤, 그 흐름에 맞게 하나씩 채워

나간 겁니다.

손님들에게 '어떻게 오셨어요?' 물어보기 시작했습니다. 돌아오는 대답은 한결같았습니다. '네이버 보고 왔어요', '리뷰 보고 왔어요.' 온라인에서 정리한 것들이 실제 방문으로 이어지는 걸 직접 체감한 순간이었습니다.

결과는 극적이었습니다. 하루 매출 0원이던 가게에 손님이 몰리기 시작했습니다. 텅 비던 매장에 줄을 서는 날이 생겼습니다. 레시피를 바꾼 게 아닙니다. 장모님 때부터 내려온 맛 그대로, 달라진 건 고객이 그 맛을 '발견하는 경로'였습니다.

**'얼마를 어디에 어떻게 써야 하는지 모르면
계속 끌려다니게 됩니다.'**

사장님은 이렇게 덧붙였습니다.

**'기본을 알면 선택이 달라집니다.
좋은 업체를 구분할 수 있고,
불필요한 비용도 줄일 수 있습니다.'**

음식점만의 이야기가 아닙니다. '더마치헤어' 송파점 원장님도 비슷한 길을 걸었습니다. 15세부터 미용 일을 시작해 프리미엄 헤어샵에서 경력을 쌓고, 자신만의 철학이 담긴 미용실을 열

사진·메뉴·리뷰 답글, 기본만 바로잡았을 뿐인데.

었습니다. 기술과 실력은 충분했지만, 묵묵히 시술에만 집중하다 보니 소개만으로는 한계가 왔습니다. 플레이스, 인스타그램, 블로그 — 여러 채널을 따라 해봤지만 디지털 흐름이 벅차고 막막했습니다.

그러다 플레이스의 구조를 기초부터 차근차근 배우기 시작했습니다. 컴퓨터에 익숙하지 않아도 두세 번 반복하며 세팅을 하나씩 채워갔습니다. 결과는 '잠실역 미용실', '송리단길 미용실' 키워드 1페이지 상위노출. 지금까지 유지하고 있습니다. 신규 고객이 급속도로 늘었고, 매출도 안정적으로 성장했습니다.

이 원장님의 경우도 핵심은 같습니다. 기술력이 아니라, 플레이스의 구조를 이해하고 적용한 것만으로 결과가 완전히 달라졌습니다.

카페도 예외가 아닙니다. 10년 넘게 카페를 운영하던 한 사장

'송파동미용실' 검색 상위노출 캡처 사진

님은 전기세도 못 낼 만큼 심한 생활고에 시달렸습니다. 맛도 있고, 단골도 있었지만, 신규 고객이 들어오는 구조가 없었습니다. 이 사장님이 플레이스의 구조를 공부하고 적용하기 시작한 뒤, 월매출이 200만 원 늘었습니다. 사장님은 이렇게 말씀하셨습니다. '정말 이걸 공부해서 살았다.' 살았다는 표현이 과장이 아닌 것이, 폐업 직전이었으니까요.

이 분들의 공통점은 하나입니다. 도구를 바꾼 게 아니라, 고객이 움직이는 구조를 이해한 뒤 거기에 맞게 행동했다는 것입니다. 삼겹살집이든 미용실이든, 업종은 달라도 고객이 가게를 찾는 흐름은 같습니다. 검색하고, 비교하고, 확인하고, 방문합니다.

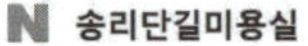 

'송리단길미용실' 검색 상위노출 캡처 사진

그 흐름 위에 우리 가게를 올려놓는 것. 이것이 이 책에서 사장님과 함께 해나갈 일입니다.

- 내 업종 + 지역명으로 네이버에 검색해 보세요. (예: '강남역 삼겹살', '강남역 파스타 맛집') 내 가게가 보이나요? 안 보인다면, 고객에게도 안 보이는 겁니다.

- 검색 결과에서 경쟁 매장 3곳의 플레이스를 클릭해 보세요. 사진, 리뷰, 메뉴…. 고객 입장에서 어디에 가고 싶은지 느껴보세요.

- 현재 하고 있는 마케팅 활동을 종이에 모두 적으세요. 각 활동 옆에 '이게 고객의 어떤 행동(검색? 비교? 예약?)에 연결되는지' 써보세요. 빈칸이 많다면 구조가 없는 상태입니다

- 이번 주 안에 방문 고객 3명에게 물어보세요. '저희 가게를 어떻게 알고 오셨어요?' 그 대답이 사장님 마케팅의 현주소입니다.

📝 **한 줄 정리**

**'하루 매출 0원이던 삼겹살집이 달라진 건
레시피를 바꿔서가 아니다.
고객이 가게를 찾는 구조를 이해한 것뿐이다.'**

2장.
대행사 말고,
사장님이 먼저 알아야 할 것

'맡기면 되지 않나요?'

사장님, 1장을 읽으면서 이런 생각 하지 않으셨나요?

'그래, 기술력만으로 안 되는 건 알겠어. 고객 행동의 구조가 중요하다는 것도 이해했어. 그런데 그걸 내가 왜 직접 해? 전문가한테 맡기면 되잖아.'

솔직히 말씀드리겠습니다. 저도 처음에는 그렇게 생각했습니다.

그런데 현장에서 사장님들을 만나면 만날수록, 한 가지 패턴이 보이기 시작했습니다. 대행사에 맡기고도 매출이 안 오르는 가게. 대행사를 바꿔도 결과가 같은 가게. 매달 수십만 원, 수백만 원을 쓰면서도 '왜 효과가 없는지' 설명을 못 듣는 가게.

한 네일숍 원장님의 말이 아직도 잊히지 않습니다.

'오픈 3년 만에 최악의 매출을 기록한 10월이었어요. 순위는 계속 떨어지고 고정고객님들도 리턴이 안 되는 상황. 광고업체 썼다가 사기당한 적이 몇 번. 마지막으로 한 번만 속아보자 하는 심정으로 구매했습니다!!'

3년차 네일숍입니다. 기술력이 없어서가 아닙니다. 고정 고객도 있었습니다. 그런데 대행사에 맡겼더니 돈만 나갔고, 심지어 사기까지 당했습니다. 그런데, 직접 공부해보니 해결책이 보이는 겁니다. 이 원장님만의 이야기가 아닙니다. 제가 만나는 사장님 열 분 중 여섯 분은 비슷한 경험을 갖고 계십니다.

두 가지 오해를 먼저 깨야 합니다

대행사에 대해 사장님들이 빠지는 오해는 크게 두 가지입니다.

첫 번째 오해: '좋은 대행사만 찾으면 해결된다.'

이 생각이 위험한 이유가 있습니다. 문제의 본질이 대행사의 질이 아니기 때문입니다. 아무리 실력 있는 대행사라도, 사장님 가게의 플레이스가 엉망인 상태에서 광고를 돌리면 결과는 같습니다. 광고를 클릭한 고객이 플레이스에 들어왔는데, 사진은 3년 전 오픈 때 찍은 어두운 사진이고, 메뉴 정보는 불완전하고, 리뷰 답글은 하나도 없습니다. 그 고객은 뒤로가기를 누릅니다. 광고비만 증발합니다.

두 번째 오해: '대행사는 다 사기꾼이다.'

이것도 오해입니다. 대행사가 나쁜 게 아닙니다. 대행사의 비즈니스 모델을 이해하면 왜 내 가게에 올인할 수 없는지가 보입니다.

대행사는 왜 내 가게에 올인할 수 없는가

사장님이 한 달에 50만 원의 광고비를 낸다고 가정해 보겠습니다. 직원 인건비와 사무실 운영비와 영업수수료에 마진까지 붙이면 한 명의 직원이 몇 개의 업체를 관리해야 대행사에 수익이 남을까요? 실제로, 일반적인 플레이스 대행사 담당자 한 명이 동시에 관리하는 매장이 열 군데가 넘습니다. 덩치가 크거나 광고비가 적으면 더 많은 업체를 담당하겠죠? 담당자 한 명이 그만큼의 매장을 동시에 돌려야 하니, 매장 하나에 투자할 수 있는 시간은 극히 제한적입니다.

대행사가 사기를 치는 게 아닙니다. 구조적으로 불가능한 겁

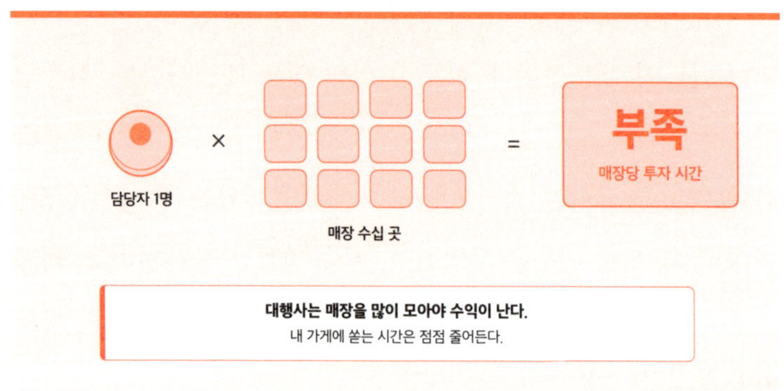

니다. 대행사 입장에서도 매장 하나하나의 특성을 파악하고, 그 가게만의 키워드를 분석하고, 사장님의 철학을 이해해서 콘텐츠를 만들 시간이 없습니다. 그러니 모든 매장에 비슷한 템플릿을 적용할 수밖에 없고, 결과도 비슷하게 나옵니다.

그런데 진짜 사기꾼도 있습니다

구조적 한계와는 차원이 다른 문제가 있습니다. 처음부터 사장님의 돈을 뜯어갈 목적으로 접근하는 악질 광고대행사입니다. 제가 현장에서 확인한 수법을 정리하겠습니다. 사장님, 이 패턴만 알아도 피해를 막을 수 있습니다.

수법 1: '네이버 담당자입니다' — 네이버 사칭 전화

항상 전화을 때 네이버 담당자, 플레이스 담당자라고 말합니다. 분명히 말씀드립니다. 네이버는 사업주에게 절대 광고 전화를 하지 않습니다. 플레이스 등록 후 진행 안내 메일만 보낼 뿐, 개인별 전화 영업은 일체 하지 않습니다. '네이버에서 왔다'는 전화는 100% 사칭입니다.

수법 2: '월 15만 원이면 됩니다' — 월정액 광고의 허상

네이버 검색광고(파워링크)는 클릭당 과금입니다. '월 ○만 원 고정 광고'라는 상품은 네이버에 존재하지 않습니다. 그런데 사기성 대행사들은 마치 월정액 상품이 있는 것처럼 계약을 유도

합니다. 실제 내부를 들여다보면, 계약 금액의 10~20%만 실제 광고비로 쓰이고 나머지는 전부 영업자 수수료와 대행사 운영비로 빠집니다. 월 15만 원을 낸다고 생각했는데, 실제 광고에 쓰이는 돈은 2~3만 원인 겁니다. 이 정도면 광고를 안 하느니만 못합니다.

수법 3: '지원 건이라 싸게 들어갑니다' — 장기 약정의 함정

'신규사업자 특별 선정되셔서 저렴하게 해드립니다. 한 달에 5만 원이에요.' 이 말을 들으면 '이 정도면 괜찮은데' 싶어집니다. 그런데 실제 계약서를 보면 5년 장기 약정입니다. 결국, 300만 원짜리 광고 상품이죠. 중도 해지를 요청하면 홈페이지·블로그 제작비 명목으로 과도한 위약금을 청구합니다. 인터넷에서 5만 원이면 살 수 있는 템플릿으로 만든 홈페이지에 수백만 원을 물리는 겁니다. 계약 금액의 40% 이상이 영업자 수당으로 책정되어 있기 때문에, 이들에겐 광고 성과보다 장기 계약 자체가 목적입니다.

수법 4: 사장님 눈에만 보이는 광고 세팅

가장 교묘한 수법입니다. 네이버 광고는 지역, 나이, 성별, 요일, 시간대까지 매우 세밀하게 설정할 수 있습니다. 사기성 대행사들은 이걸 악용합니다. 예를 들어 '강남역 맛집' 광고를 의뢰하면, 실제로는 사장님 가게 반경 1km, 사장님 나이대만 ON으로 설정합니다. 사장님이 매장에서 검색하면 광고가 잘 뜹니다. '광고 잘 나가고 있네?' 착각하게 됩니다. 실제 고객한테는 광고가 전혀 노출되지 않고 있는데도요.

성과가 안 나오면요? '클릭은 많이 되고 있습니다', '온라인 광고는 좀 더 지켜보셔야 해요'라고 합니다. 이 말 자체가 틀린 건 아니지만, 구조를 모르는 사장님한테는 책임 전가의 방패가 됩니다.

'구조 없는 광고'가 돈을 먹는 원리

대행사에 맡겨서 안 되는 진짜 이유를 정리하겠습니다.

대행사가 광고를 돌립니다. 고객이 클릭합니다. 플레이스에 들어옵니다. 그런데 플레이스가 준비가 안 되어 있습니다. 사진은 매력이 없고, 정보는 부실하고, 예약 버튼은 비활성화입니다. 고객은 10초 만에 떠납니다. 클릭비만 나갑니다. 대행사 보고서에는 '이번 달 클릭 수 1,000회'라고 적혀 있습니다. 사장님은 '1,000

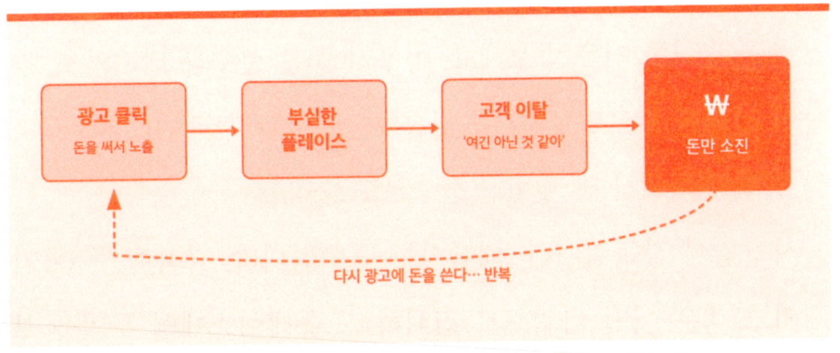

명이나 플레이스에 들어왔는데 왜 매출이 안 오르지?' 하고 의아
해합니다.

클릭 수는 의미 없습니다. 중요한 건 그 클릭이 전화, 예약, 길
찾기, 실제 방문으로 이어졌느냐입니다. 그런데 구조를 모르는
사장님은 이 차이를 구분하지 못합니다. 대행사가 '이번 달 성과
좋았습니다'라고 하면 '그런가 보다' 하고 넘어갑니다.

한 수강생이 이렇게 표현한 적이 있습니다.

'내가 무지하면 업체를 써도 잘한 소비인지

'눈탱이'를 맞은건지 알 수가 없다.'

정확한 말입니다. 구조를 모르면 좋은 대행사를 만나도 제대
로 활용하지 못하고, 나쁜 대행사를 만나도 걸러내지 못합니다.

사장님은 감독이고, 대행사는 선수입니다

그렇다면 대행사는 아예 쓰면 안 되는 걸까요? 아닙니다. 대행
사는 도구입니다. 문제는 사용법입니다.

축구 경기를 떠올려 보세요. 아무리 좋은 선수를 데려와도, 감
독이 전술을 모르면 이길 수 없습니다. 반대로 감독이 경기 구조
를 완벽히 이해하면, 평범한 선수로도 승리할 수 있습니다.

사장님이 감독입니다. 대행사는 선수입니다. 감독이 '우리 가
게의 고객은 어떤 키워드로 검색하고, 플레이스에서 무엇을 보

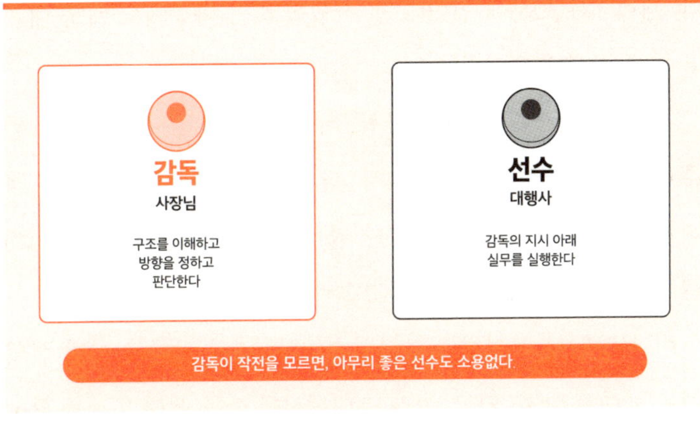

고 판단하며, 어떤 순간에 매출이 발생하는지'를 알아야 합니다. 이 구조를 알면 대행사에게 '이 키워드에 집중하세요', '보고서에 스마트콜, 톡톡 건수와 예약 건수를 넣어주세요', '다음 달 키워드별 예상 검색량을 정리해서 보내주세요. 그런 다음 블로그 체험단 키워드를 정할게요'라고 요청할 수 있습니다.

'통째로 맡기기'가 아니라, '필요한 부분만 위임, 성과 관리'로 전환하는 겁니다.

가장 인상 깊었던 분은 충주 수안보에서 40년 전통 꿩요리 전문점을 운영하는 사장님입니다. 원래 평범한 직장인이었지만, 장인·장모님의 가업을 이어받아 '수안보대장군'을 운영하게 된 분이죠. 이 사장님은 처음에 블로그 체험단, 인스타그램, 카페 광고 등 이것저것 다 해봤습니다. 하지만 모든 방법이 내 가게에 맞는 건 아니라는 걸 깨달았습니다. 그래서 직접 공부하기로 했습니다. 새벽 1시 30분에 일어나 꿩 작업을 하는 와중에도 배운 내용을 바로 실행에 옮겼습니다.

결과요? '꿩요리', '수안보맛집', '수안보꿩요리', '충주꿩요리' 등 주요 키워드 전부 플레이스 1등. 단 한 번도 1등 자리를 놓친 적이 없습니다. 월 매출은 3,000만 원에서 1억 원으로 뛰었고, 2025년 기준 연 매출 12억 원을 넘겼습니다.

이 사장님이 이렇게 말씀하셨습니다. '내가 알아야 어떤 선택이든 제대로 할 수 있고, 그래야 대행사를 쓰든 어떤 도구를 활용하든 휩쓸리지 않고 판단할 수 있다.' 구조를 알고, 직접 실행한 사장님의 결과입니다.

음식점뿐이 아닙니다. 또 다른 수강생은 화상영어 학원을 운영하는 분이었습니다. 플레이스와는 전혀 관계없어 보이는 업종이죠. 그런데 이 분이 이렇게 말씀하셨습니다.

'원리를 알게 되니까 다른 마케팅에도 적용할 수가 있더라구요.'

이게 핵심입니다. 구조를 알면 플레이스만이 아니라, 인스타그램이든 블로그든 어떤 채널에서든 같은 원리를 적용할 수 있습니다. 대행사에 끌려다니는 게 아니라, 내가 판단 기준을 갖고 마케팅 전체를 설계할 수 있게 됩니다.

💻 **실행 체크리스트**

이런 전화가 오면, 바로 끊으세요:

- '신규사업자 지원 건입니다' — 네이버에 이런 지원 프로그램은 없습니다.

- '지금만 가능한 이벤트입니다' — 조급함을 이용하는 전형적인 수법입니다.

- '월 ○만 원 고정 광고입니다' — 네이버 검색광고는 클릭당 과금이지, 월정액제가 아닙니다.

- '네이버 담당자입니다' — 네이버는 사업주에게 절대 광고 전화를 하지 않습니다.

- '상위노출 보장해드립니다' — 네이버 검색 순위는 실시간 입찰과 이용자 반응으로 결정되며, 상단 고전 노출은 불가능합니다.

대행사 계약 전, 반드시 확인하세요:

- 약정 기간이 몇 개월인가요? 1년 이상 약정이면 의심하세요.

- 중도 해지가 가능한가요? 위약금은 얼마인가요?

- 광고비와 관리비(대행비, 서버비 등)가 분리되어 있나요? 네이버 공식 파트너사는 광고비 외 별도 비용 없이 대행합니다.

- 광고 계정이 사장님 명의인가요? 내 명의가 아니면 광고가 아니라 임대입니다. 계약이 끝나면 모든 데이터를 잃습니다.

- 대행사를 쓰고 있다면, 이번 달 보고서를 꺼내보세요. '클릭 수' 말고 실제 '스마트콜', '톡톡', '예약 건수'가 적혀 있나요? 없다면 성과를 측정할 수 없는 상태입니다.

- 대행사가 관리하는 내 광고 키워드를 고객 입장에서 직접 검색해 들어가보세요. '집이 아닌 다른 지역'에서 검색해 보세요. 광고가 거기서도 뜨나요?

이미 피해를 입으셨다면:

혼자 고민하지 마세요. 한국인터넷광고재단 인터넷광고 신고센터(02-785-1372)나 한국인터넷진흥원 온라인광고분쟁조정위원회(국번없이 118, ARS 5번)에서 상담과 피해 구제를 받을 수 있습니다. 사안에 따라 분쟁 조정이나 법률 지원도 가능합니다.

**'구조를 모르면 좋은 대행사를 만나도 돈을 버린다.
구조를 알면 혼자서도 충분하다.'**

1장에서 '기술력과 도구만으로는 안 된다'라는 것을 확인했고, 2장에서 '대행사에 맡겨도 답이 아니다'라는 것을 확인했습니다. 그렇다면 사장님이 직접 알아야 할 '그 구조'란 대체 무엇일까요? 다음 장에서 고객이 실제로 어떻게 움직이는지, 그 행동의 지도를 펼쳐보겠습니다.

고객을 알면,
매출이 보인다

3장.
고객은 우연히 오지 않는다
: 고객 방문 설계 6단계 모델

열심히 하는데 왜 안 될까

사장님, 한 가지 장면을 떠올려 보세요.

밤 12시, 매장 불을 끄고 매출 장부를 펼칩니다. 오늘도 적자. 그런데 분명 이번 달에 블로그 체험단도 돌렸고, 사진도 바꿨고, 쿠폰도 만들었고, 소식도 올렸습니다. '뭔가'를 하고 있는 건 확실합니다. 그런데 매출은 그대로입니다. 아니, 오히려 광고비만 늘었습니다.

가장 견디기 힘든 건 '뭘 더 해야 하는지 모르는 상태에서 뭔가를 계속해야 하는 것'입니다.

혹은, 아직 아무것도 안 해본 사장님도 계실 겁니다. 막 가게를 열었거나, 이제 마케팅을 시작하려는데 뭘 먼저 해야 할지 감이 안 잡히는 분. 블로그? 인스타? 광고? 다 해야 하나? 그 막막함이 오히려 아무것도 못 하게 만듭니다.

두 경우 모두, 물어보는 건 같습니다. '뭘 해야 하나요?'

제가 7년간 900건 넘는 플레이스 컨설팅을 하면서 가장 많이 들은 질문이 바로 이겁니다. 그리고 대부분의 경우, 문제는 '덜 해서'가 아니었습니다. 전체 그림 없이 부분만 건드리고 있었기 때문입니다.

비유를 하나 들겠습니다. 수도관을 떠올려 보세요. 물이 수원지에서 출발해 수도꼭지까지 오려면 여러 단계의 관(파이프)을 거쳐야 합니다. 그런데, 파이프에 구멍이 여러 군데 뚫려 있다면 물을 많이 채워도 꼭지에서는 물이 나오지 않습니다. 노출에 돈을 쏟아부어도 매출이 안 오르는 이유가 바로 이겁니다. 파이프 어딘가에 구멍이 숭숭 뚫려 있는 건데, 어디서 새는지 모른 채 물만 더 붓고 있는 겁니다.

이번 장에서는 그 파이프라인의 전체 설계도를 펼쳐보겠습니다. 이 지도 한 장이 앞으로 사장님이 마케팅에서 길을 잃지 않게 해줄 나침반이 될 겁니다.

그리고 한 가지 말씀드려야 할 게 있습니다. 이 구조를 세우는 데는 한 달이면 충분합니다. 하지만 구조 없이 버티는 한 달은 경쟁자에게 자리를 내주는 한 달입니다. 네이버의 알고리즘은 고객의 행동 데이터를 실시간으로 학습합니다. 경쟁 매장이 리뷰를 쌓고, 예약을 받고, 소식을 올리는 동안 사장님의 플레이스가 가만히 있으면, 알고리즘은 그 가게를 '활동이 없는 매장'으로 판단하고 노출을 줄입니다. 나중에 따라잡으려면 지금의 두세 배 노력이 필요합니다.

흔한 오해 두 가지

본격적으로 들어가기 전에, 사장님들이 자주 빠지는 오해 두 가지를 먼저 짚겠습니다.

'마케팅은 결국 광고 아닌가요?'

아닙니다. 광고는 마케팅의 '마지막 증폭 장치'입니다. 전환 구조가 세팅되지 않은 상태에서 광고를 돌리면 돈만 증발합니다. 광고비 100만 원을 써서 플레이스에 1,000명이 들어왔는데, 그중 아무도 예약을 안 한다면? 그건 광고 탓이 아니라 플레이스 안의 구조 문제입니다.

'우리 업종은 특수해서 이런 모델이 안 맞아요.'

음식점이든, 뷰티숍이든, 공유오피스든 고객은 반드시 같은 여정을 거칩니다. '우리는 기술로 승부하니까'라고 말씀하시는 원장님도, '우리 동네는 달라서'라는 사장님도 예외가 아닙니다. 차이가 있다면 각 단계의 '두께'가 다를 뿐입니다. 이건 잠시 후에 업종별 시나리오에서 직접 확인하시게 됩니다.

핵심 원리: 고객 방문 설계 6단계(TSCVAS)

고객이 가게에 오기까지, 정확히 여섯 단계를 거칩니다.

사실 저도 처음부터 이걸 알았던 건 아닙니다. 컨설팅을 해서 상위노출이 된 사장님이 연락이 오셔서 매출이 안 오른다고 하셨습니다. 그래서, 검색을 해봤더니 1페이지에 노출이 되어 있었습니다. 계속 고민하다가 3개월을 네이버 플레이스를 사람들이 어떻게 사용하는지 관찰하고 다녔습니다. 그런데, 놀랍게도 단 한사람도 똑같이 쓰는 사람이 없었습니다. 우리는 모든 고객이 플레이스를 검색하면 상위노출되어 있는 순서대로 클릭해서 볼 거라 생각합니다.

제가 반대로 물어보겠습니다. '사장님은 그렇게 하시나요?' 제가 실제로 라이브 강의에서 근처 카페 검색해서 순위를 보는 사장님과 지도로 들어가서 찾는 사장님의 비율을 봤더니 2:8 수준이었습니다. 그냥 지도를 클릭해서 내가 있는 장소 근처에 있는 카페들을 클릭하는 사람이 더 많았습니다. 지도를 클릭해서 가게를 찾는다면 순위는 아무 소용이 없습니다. 그냥 가까운 곳을 찾는 거죠. 특히, 날씨가 덥거나 추우면 지도에 들어가 근처에 있는 가게를 찾는 고객이 더 많아집니다. 한 여름에 아이스아메리카노 한잔 마시려고 15분을 걸어서 카페를 갈 고객은 없으니까요. 어떤 고객은 첫페이지에 있는 가게는 무조건 건너뜀다고 합니다. 왜 그런지 물어보니 광고라서 안 본답니다. 이렇듯, 고객은 너무나 다양하게 가게를 찾고 있었습니다. 그러니, 상위노출이 안 되면 큰일 날 것 처럼 말하는 대행사에 겁을 먹을 필요가 없습니다. 이렇듯, 다양한 고객을 만나서 이야기해보고, 컨설팅을 하면서 '고객이 왜 이 가게를 선택했을까?'를 반복적으로 추적하다 보니,

고객의 검색 행동에 패턴이 보이기 시작했습니다. 그래서, 자영업에 딱 맞는 소비자 행동 모델이 있는지 기존 이론들을 다 뒤졌습니다. AIDA, AISAS, AARRR 모델…. 마케팅 교과서에 나오는 이론은 전부 살펴봤습니다.

그런데 어느 것도 사장님의 현실에 딱 떨어지게 적용되지 않았습니다. 고민 끝에 제가 직접 만들었습니다.

고객이 어디서 들어오고, 어디서 머무르고, 어디서 떠나는지를 추적했습니다. 그 데이터에서 반복적으로 확인된 패턴을 여섯 단계로 정리한 것이 고객 방문 설계 6단계(TSCVAS) 모델입니다. 이론에서 출발한 게 아니라, 현장에서 출발한 모델입니다.

여기에 행동경제학의 핵심 이론을 결합했습니다. 노벨 경제학상 수상자 대니얼 카너먼이 《생각에 관한 생각(Thinking, Fast and Slow)》에서 밝힌 이중 프로세스 이론입니다. 사람의 뇌는 두 가지 모드로 판단합니다.

시스템 1(직관) **— 빠르고, 자동적이고, 감정적입니다.
거의 노력 없이 작동합니다.**
시스템 2(분석) **— 느리고, 의식적이고, 논리적입니다.
집중력을 써야 합니다.**

사장님, 이게 무슨 뜻인지 바로 느끼실 수 있는 예를 들겠습니다.

3×3은 무엇인가요? 답이 바로 나오죠? 이때 시스템 1이 작동한 것입니다. 반면에 33×333은 무엇인가요? 바로 안 나오고 머리가 복잡하게 돌아가죠? 이때는 시스템 2가 작동하고 있는 것입니다.

플레이스에서도 똑같은 일이 벌어집니다. 고객이 '선릉역 맛집'을 검색해서 결과 목록을 훑을 때는 시스템 1이 작동합니다. 1초 만에 대표 사진을 보고 '맛있겠다' 또는 '별로다'를 판단합니다. 어림짐작해서 추정하게 되고 본능적인 반응을 보입니다. 그래서 대표 사진이 어둡거나 매력이 없으면, 고객은 생각조차 하지 않고 넘겨버립니다.

그런데 클릭해서 몇 가지 가게를 보고 나서 방문할 생각이 있는 가게를 정한 다음 플레이스 안에 들어오면 시스템 2로 전환됩니다. 리뷰를 하나하나 읽고, 부정 리뷰에 사장님이 어떻게 답했는지 확인하고, 메뉴 가격을 비교합니다. 꼼꼼하게 따집니다. 여기서 정보가 부실하면 '불안하니까 다른 데 가자'가 됩니다.

이 두 모드를 알면, 마케팅이 단순해집니다. 시스템 1이 작동하는 구간(C단계)에서는 사진과 시각적 임팩트로 승부하고, 시스템 2가 작동하는 구간(V단계)에서는 리뷰·댓글·상세 정보로 신뢰를 쌓으면 됩니다. 고객 방문 설계 6단계의 각 단계에서 고객의 뇌가 어떤 모드인지 알면, 어떤 장치를 세팅해야 하는지가 명확해집니다.

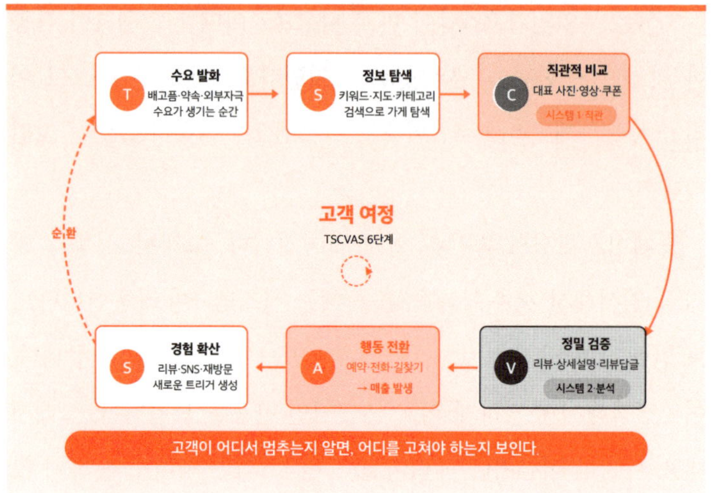

하나씩 짚어 보겠습니다. 각 단계에서 고객이 왜 이탈하는지를 함께 설명드리겠습니다. 이탈 원인을 알아야 막을 수 있으니까요.

T — Trigger(수요 발화)

'배고프다', '머리 잘라야 하는데', '다음 주 회의실 필요하다.'

고객의 여정은 이런 상황에서 시작됩니다. 배고픔이나 약속 같은 상황적 필요일 수도 있고, SNS에서 맛있어 보이는 사진을 본 순간일 수도 있습니다. 사장님이 직접 통제하기 어려운 영역이지만, 방법은 있습니다. 톡톡 마케팅 메시지나 평소에 SNS마케팅이나 브랜드마케팅 등으로 잠재 고객의 무의식에 '우리 가게'를 심어둘 수 있습니다. 16장에서 자세히 다룹니다.

S — Search(정보 탐색)

트리거가 발생한 고객은 네이버를 엽니다. 배고프면 '선릉역 맛집', 머리를 자르려면 '선릉역 미용실', 회의를 해야 하면 '선릉역 회의실'을 검색합니다. 이때 검색 결과 노출이 안되면, 사장님 가게는 존재하지 않는 것과 같습니다. 고객은 보통 3, 4페이지까지 스크롤하지 않습니다. 키워드 전략이 여기서 결정적입니다. 6장과 7장에서 다룹니다.

C — Compare(직관적 비교)

여기서부터 고객의 시스템 1(직관)이 작동합니다. 검색 결과에 나열된 가게들을 고객은 짧은 시간에 훑습니다. 대표 사진, 마이크로 리뷰(한 줄 소개), 리뷰 수. 이 세 가지가 '클릭할 가게'와 '넘길 가게'를 가릅니다. 중요한 걸 짚겠습니다. 고객은 '좋은 가게를 고르는 것'이 아니라 '탈락시킬 가게를 제거하는 것'입니다. 그 짧은 시간 안에 '여기는 아니다'라고 판단되면 끝입니다. 9장에서 대표 사진 전략을 다룹니다. 그리고, 클릭을 했더라도 플레이스 첫 화면이 최적화되어 있지 않다면 그 또한 다음 단계로 고객을 끌고 가지 못합니다.

V — Verify(정밀 검증)

이제 시스템 2(분석)가 가동됩니다. 플레이스를 5~6개 클릭해 보고 후보 1~2곳이 남으면 고객은 꼼꼼하게 뜯어봅니다. 리뷰를 읽고, 사장님 답글을 확인하고, 부정 리뷰도 찾아봅니다. 이런 부정 리뷰에 어떻게 대응했는지도 봅니다. 상세설명(소개)에 들어가서 꼼꼼히 읽어봅니다. 여기서 고객이 확인하는 건 맛이나 기술이 아닙니다. '이 가게에 가서 실패하지 않을까?'라는 불안을 해소할 수 있느냐입니다. 리뷰가 구체적이고, 사장님 답글이 정성스러우면 불안은 사라집니다. 반대로 부정 리뷰에 방어적이거나, 최신 리뷰가 없으면 고객은 '다른 데 가자'고 판단합니다. 그리고, 상세설명에 이 가게에 가야 될 이유가 적혀 있지 않고, 내가 걱정하는 부분을 해소하는 내용이 없으면 이탈하게 됩니다.

예를 들어, 주차를 해야 하는 고객의 경우 주차 가능 여부나 주차를 어디에 어떻게 해야 하는지, 주차비는 어떻게 되는지에 대한 내용이 없으면 이탈하게 됩니다.

A — Action(행동 전환)

검증을 통과하면 예약, 전화, 길 찾기 같은 행동으로 넘어갑니다. 그런데 이 순간에 예약 버튼이 없으면? 밤 11시에 보고 있는데 이미 영업시간이 끝났다면? 고객의 행동 의지는 허공에 사라집니다. 네이버 예약, 톡톡, 스마트콜이 여기서 일하는 도구들입니다. 11장에서 다룹니다. '지금 예약 시 디저트 무료' 같은 혜택이나, '한정 수량 품절 임박' 같은 메시지가 마지막 한 발을 끌어냅니다.

S — Share(경험 확산)

방문 후 남기는 리뷰, 친구에게 보내는 카톡, SNS 사진. 이것은 끝이 아니라 다음 고객의 V(검증) 자료이자 새로운 T(트리거)가 됩니다. 고객이 리뷰를 쓰는 행위는 심리적으로 그 가게에 대한 '투자'입니다. 공개적으로 칭찬한 곳을 부정하기 어렵기 때문에, 리뷰를 쓴 고객은 다시 방문할 확률이 높아집니다. 바퀴가 다시 돌기 시작하는 겁니다.

여섯 단계 중 단 한 곳이라도 구멍이 나면, 고객은 그 지점에서 사라집니다. 전환 설계란 '선택받는 전략'이 아니라, '탈락하지 않는 구조'를 만드는 작업입니다. 그리고 이 구조를 만드는 데 특별한 기술이 필요한 게 아닙니다. 각 단계에서 빈칸을 채우는 것. 이 책은 그 빈칸을 하나씩 채워가는 과정입니다.

노출-전환-단골, 세 축으로 묶기

고객 방문 설계 6단계를 실전에서 다루기 쉽게 세 묶음으로 정리하겠습니다.

노출 = T→S. 고객이 검색에서 내 가게를 발견하는 구간입니다.

전환 = C→V→A. 발견한 고객이 비교하고, 검증하고, 행동까지 이어지는 구간입니다.

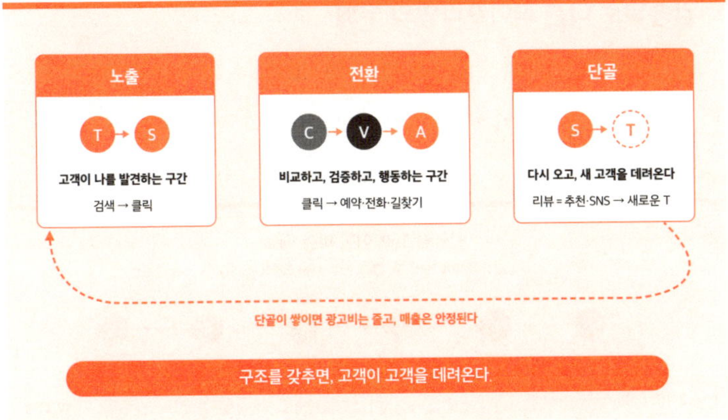

단골 = S→T 순환. 만족한 고객이 리뷰를 남기고, 친구에게 추천하고, SNS에 올립니다. 그 한 건의 공유가 다른 누군가의 트리거가 됩니다. 그리고 만족한 고객 자신도 다시 돌아옵니다. 신규 고객 한 명을 데려오는 비용보다, 기존 고객 한 명을 다시 오게 하는 비용이 훨씬 적습니다. 단골이 쌓이면 광고비는 줄고, 매출은 안정됩니다.

이 세 축이 이 책의 뼈대입니다. 앞으로 모든 전략은 '이건 노출인가, 전환인가, 단골인가?'로 정리됩니다. 사장님이 이 구분을 갖추는 순간, 대행사가 무슨 말을 해도 판단 기준이 생깁니다. '상위노출 해드리겠습니다'라는 제안을 받았을 때, '그건 노출 구간이고, 우리 가게는 지금 전환 구간이 약한데요'라고 말할 수 있게 됩니다. 그게 마케팅의 주인이 되는 첫걸음입니다.

업종별로 다른 파이프라인의 두께

같은 여섯 단계라도, 업종에 따라 고객이 머무는 시간과 중요도가 다릅니다. 세 가지 시나리오로 직접 느껴보겠습니다.

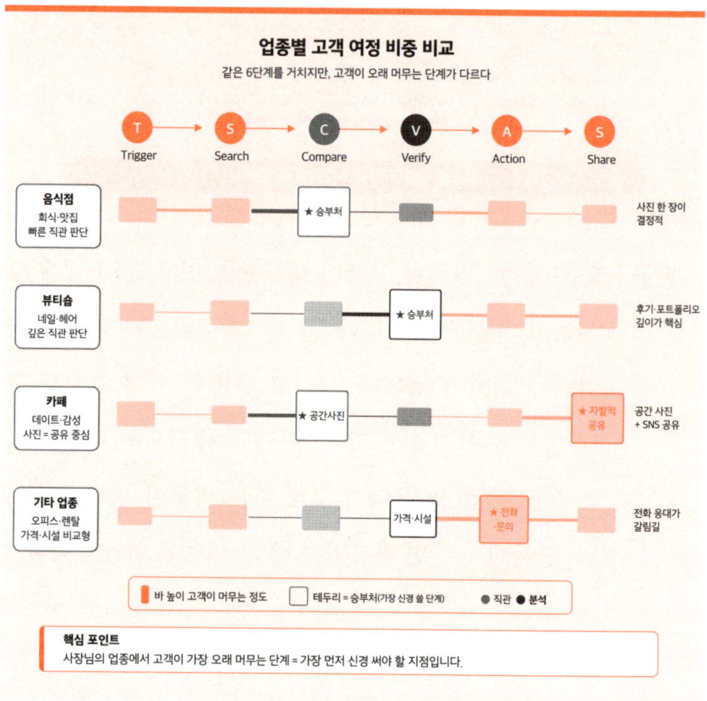

시나리오 1 — 음식점: 금요일 저녁, 직장인 A씨

금요일 오후 5시, 팀장이 말합니다. '오늘 회식하자.' A씨는 즉시 네이버를 열고 '강남 회식 맛집'을 검색합니다(T→S). 상위 5곳의 사진과 리뷰를 빠르게 훑습니다(C). 사진이 맛있어 보이고 '단체석 넓어요'라는 리뷰가 눈에 들어온 곳을 클릭합니다(V). 네이버 예약으로 8명 자리를 잡습니다(A). 회식이 끝나고 후배가 '형, 여기 괜찮았어요' 하며 영수증 리뷰를 남깁니다(S). 음식점은 T가 즉흥적이고, C가 짧고 직관적이며, A까지 빠르게 도달합니다. 사진 한 장의 힘과 고객의 니즈(회식, 단체석)가 반영된 설명이 결정적입니다.

시나리오 2 — 뷰티숍: 결혼식 일주일 전, 30대 여성 B씨

결혼식을 앞둔 B씨는 일주일 전부터 '강남 웨딩네일'을 검색합니다(T→S). 여러 가게의 포트폴리오를 꼼꼼히 비교하고(C), 블로그 시술 후기를 하나하나 읽습니다(V). 마음에 드는 곳에 톡톡으로 '웨딩 네일 상담 가능하세요?' 문의를 보냅니다(A). 시술 후 만족한 B씨는 결혼식 사진과 함께 '여기서 했어요' 태그를 인스타에 올립니다(S). 뷰티숍은 T가 계획적이고, V에서 시간을 오래 씁니다. 포트폴리오와 후기의 깊이가 승부처입니다.

시나리오 3 — 공유오피스: 팀빌딩 담당자 C씨

분기 워크숍을 준비하는 C씨는 '강남 회의실 대여'를 검색합니다(T→S). 가격표와 시설 사진을 비교하고(C), 후기에서 '빔프로젝터 상태 좋았다'라는 댓글을 확인합니다(V). 세부 사항을 전화로 확인한 뒤 결제합니다(A). 워크숍이 잘 끝나자 C씨는 총무 커뮤니티에 '여기 추천합니다'라고 후기를 남깁니다(S). 기타 업종은 V에서 가격과 시설 비교에 집중하고, A에서 전화 문의 비중이 높습니다. 상세 설명과 실제로 같은 용도로 이용을 했던 리뷰, 전화 응대가 핵심입니다.

시나리오 4 — 카페: 토요일 오후, 20대 커플 D씨

주말에 데이트 코스를 고민하던 D씨는 '성수 데이트 카페'를 검색합니다(T→S). 검색 결과에 나온 카페 10곳의 사진을 빠르게 넘기면서, 공간이 예쁘고 시그니처 메뉴가 눈에 띄는 곳을 고릅니다(C). '분위기 좋다', '디저트 맛있었다'는 리뷰를 확인하고(V), 지도를 눌러 위치를 봅니다(A). 도착하자마자 D씨는 음료 사진을 찍어 인스타 스토리에 올립니다(S). 카페는 C(비교) 단계에서 공간 사진과 시그니처 메뉴 사진이 결정적입니다. 음식점처럼 빠르게 판단하되, 맛보다 분위기와 경험이 클릭을 만듭니다. 그리고 카페야말로 S(공유)가 가장 활발한 업종입니다. 고객이 알아서 올려주는 사진 한 장이 다음 고객의 T(트리거)가 됩니다.

네 시나리오 모두 T→S→C→V→A→S를 거칩니다. 다만 어디에서 오래 머무는지가 다를 뿐입니다. 음식점은 C(비교)에서 승부가 갈리고, 뷰티숍은 V(검증)에서 결정이 나고, 카페는 C(비교)에서 공간 사진이 핵심이며, 기타 업종은 A(행동) 단계의 편의성이 갈림길입니다. 사장님의 업종에서 고객이 가장 오래 머무는 단계가 어디인지, 그게 곧 가장 신경 써야 할 지점입니다.

지금 바로 시작할 수 있는 네 가지입니다.

- 고객 방문 설계 6단계를 보지 않고 순서대로 말할 수 있다.

- 내 가게의 고객이 T(트리거)를 느끼는 상황을 세 가지 이상 적었다.
  (예: 배고플 때, 기념일, SNS에서 봤을 때)

- 내 가게의 고객 방문 설계 6단계 중 가장 약한 단계가 어디인지 추측
  해봤다. (노출이 부족한가? 전환에서 빠지는가? 재방문이 없는가?)

- 경쟁 가게 1곳의 플레이스를 고객 입장에서 T→S→C→V→A→S 순
  서대로 따라가 봤다.

세 번째 항목이 가장 중요합니다. 물은 가장 낮은 곳에서 새어나갑니다.
전체 점수가 70점이어도 V단계가 30점이면, 고객은 검증 단계에서 대량
으로 이탈하고 있다는 뜻입니다. 가장 약한 단계를 먼저 보강하는 것, 이
것이 전환 설계의 첫 번째 원칙입니다.

💻 내 가게 고객 방문 설계 6단계 자기진단표

이 책을 본격적으로 읽기 전에, 사장님 가게의 현재 위치를 체크해 보세
요. 각 단계별로 해당되는 항목에 체크하세요.

T(트리거) ― 고객이 우리 가게를 떠올릴 계기가 있는가?

- 톡톡이나 문자로 기존 고객에게 메시지를 보낸 적이 있다.

- 평소에 SNS콘텐츠를 꾸준히 발행하고 고객과 소통하고 있다.

S(검색) — 고객이 검색했을 때 우리 가게가 보이는가?

- 내 업종+지역명으로 검색하면 1페이지에 나온다.

- 고객이 실제로 검색할 만한 키워드를 3개 이상 알고 있다.

C(비교) — 검색 결과에서 우리 가게가 눈에 띄는가?

- 대표 사진이 경쟁 매장보다 밝고 선명하고 눈에 띈다.

- 리뷰 수가 경쟁 매장과 비슷하거나 많다.

- 첫 화면에 영상, 소식, 쿠폰이 세팅되어 있다.

V(검증) — 들어온 고객이 '여기 괜찮겠다'고 느끼는가?

- 첫 리뷰에 고품질의 사진과 함께 고객의 구체적이고 생생한 경험이 담긴 리뷰가 있다.

- 추천순 10개의 리뷰에 답글이 달려 있다.

- 고객의 간접체험이 담긴 클립 영상이 있다.

- 상세설명에 고객이 우려하는 부분에 대한 해결 방법이 자세하게 정리되어 있다.

A(행동) — 고객이 바로 예약/전화할 수 있는가?

- 네이버 예약 또는 톡톡이 활성화되어 있다.

- 네이버 예약 시에만 적용되는 혜택이 있다.

S(공유) — 다녀간 고객이 리뷰를 남기는가?

- 영수증 리뷰 이벤트 등 리뷰 유도 장치가 있다.

- 고객 리뷰에 24시간 내 답글을 달고 있다.

[결과 해석]

11~15개 체크: 구조가 잘 갖춰져 있습니다. 이 책에서 빈틈을 찾아 한 단계 더 올리세요.

6~10개 체크: 부분적으로 되어 있지만 빠진 단계가 있습니다. 체크 안 된 단계가 사장님 매출의 병목입니다.

0~5개 체크: 지금이 시작할 때입니다. 이 책의 순서대로 하나씩 채워가면 됩니다. 걱정 마세요, 한 달이면 충분합니다.

체크 안 된 항목이 가장 많은 단계를 기억해 두세요. 이 책을 읽으면서 그 단계에 해당하는 장을 특히 주의 깊게 읽으시면 됩니다. PART 3(6~8장)는 S(검색), PART 4(9~13장)는 C→V→A(비교→검증→행동), PART 5(14~16장)는 S(공유)→T(트리거) 재순환에 해당합니다.

'고객은 우연히 오지 않는다. 검색하고, 비교하고, 검증하고, 결정한다. 이 여섯 걸음 중 한 곳이라도 구멍 나면 고객은 사라진다. 매출은 감이 아니라 설계다.'

2장에서 말씀드렸습니다. 마케팅의 본질은 고객 행동이라고. 이번 장에서 그 고객 행동의 구체적인 지도를 펼쳤습니다. 다음 4장에서는 이 지도의 첫 두 단계, T→S를 깊이 파고들겠습니다. 고객이 검색창에 무엇을 치는지, 그리고 그 검색에서 사장님 가게가 어떻게 발견되는지. 노출의 구조를 뜯어보겠습니다.

4장.
고객은 언제,
왜 검색하는가

검색량이 아니라 검색 이유가 매출을 만든다

사장님, 혹시 이런 경험 없으셨나요?

'검색량 많은 키워드에 노출됐는데, 왜 전화 한 통 안 울리지?'

뷰디숍 원장님이라면 특히 이 답답함이 클 겁니다. 시술 실력에는 자신 있는데, 고객이 검색창에 뭘 치는지, 왜 내 가게를 지나치는지 보이지 않으니까요. 분명히 '지역명 + 업종' 키워드에 올라갔습니다. 노출 수도 나쁘지 않습니다. 그런데 예약은 없고, 전화 문의도 없습니다. 광고비는 나가는데 매출은 제자리입니다.

이 상황을 겪은 사장님들은 대부분 같은 결론을 내립니다. '노출이 부족한가 보다. 더 큰 키워드를 잡아야겠다.' 그래서 더 비싼 광고를 돌리고, 더 경쟁이 치열한 키워드를 잡으려고 합니다. 하지만 진짜 문제는 노출이 아닙니다. 고객이 왜 검색하는지를 모른 채 키워드만 쫓고 있기 때문입니다.

3장에서 고객 방문 설계 6단계(TSCVAS) 전체 구조를 봤습니다. 이번 장에서는 그 여정의 출발점, T(Trigger)와 S(Search)를 깊이 파고듭니다. 고객이 검색창을 여는 그 순간, 거기엔 반드시 이유가 있습니다. 그 이유를 아는 가게만 검색 결과에서 살아남습니다.

'검색량만 많으면 장땡'이라는 착각

사장님들이 가장 많이 하시는 오해가 있습니다. '검색량 많은 키워드에 올라가면 손님이 온다.' 틀린 말은 아니지만, 절반만 맞는 말입니다.

'강남역 맛집'을 검색하는 사람과 '강남역 회식'을 검색하는 사람이 같은 사람일까요? 전혀 다릅니다. '강남역 맛집'은 월간 검색량 10만 건이 넘지만, 아침, 점심, 저녁, 야식을 찾는 손님부터 노출 시에는 고깃집부터 한식, 양식, 중식, 일식, 브런치, 카페까지 섞여 있습니다. '강남역 회식'은 월 1,740건이지만, 금요일 팀 회식 장소를 지금 당장 예약하려는 총무입니다. '강남역 브런치 맛집'은 검색량은 적지만 브런치를 먹고자 하는 뾰족한 니즈가 담긴 키워드입니다. 전환율은 어떤 키워드가 높을까요? 당연히 후자입니다.

또 하나, '고객이 검색하는 이유를 내가 어떻게 알아?'라고 말씀하시는 사장님도 많습니다. 하지만 이미 답은 나와 있습니다. 플레이스의 '함께많이찾는' 키워드, 유입 검색어 통계, 고객 리뷰 안에 그 답이 전부 적혀 있습니다. 읽는 법을 모를 뿐, 데이터는 항상 사장님 바로 옆에 있었습니다.

핵심 원리: Trigger를 알면 키워드가 보인다

Trigger의 두 가지 유형

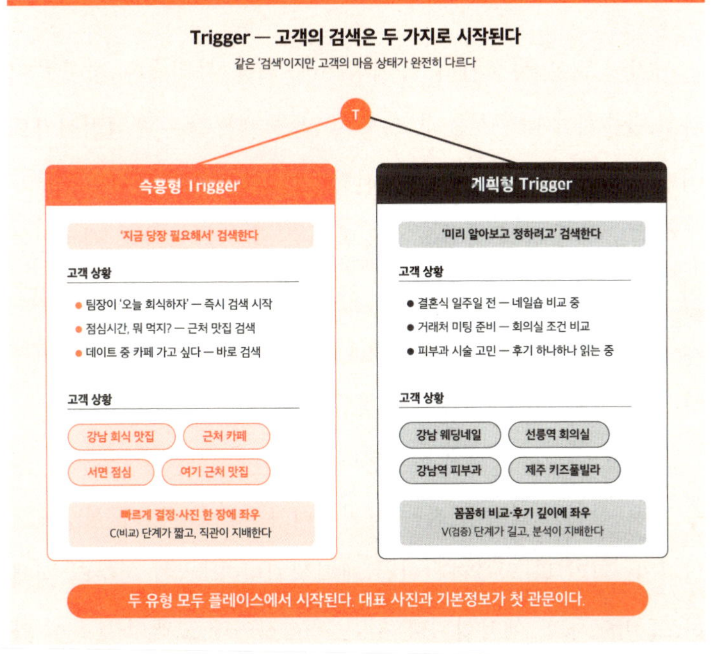

고객이 검색창을 여는 동기, 즉 Trigger는 두 가지로 나뉩니다.

첫째, 즉흥형입니다. '배고프다, 근처 뭐 있지?' 지금 당장의 필요를 채우려는 검색입니다. 이 고객은 지도 검색을 주로 씁니다. 위치가 가깝고, 바로 갈 수 있는 곳을 찾습니다.

둘째, 계획형입니다. '다음 주 여자친구 생일인데, 특별한 데이트코스 없을까?' 며칠 뒤의 약속을 위해 미리 찾아보는 검색입니다. 이 고객은 키워드 검색을 주로 쓰며, 비교하고 따진 뒤 예약합니다.

여기서 많은 사장님이 '음식점은 즉흥형, 뷰티숍은 계획형'이라고 단순하게 나누시는데, 그렇지 않습니다. 같은 음식점이라도 어떤 상권에 있느냐에 따라 완전히 달라집니다.

여의도에서 점심 맛집을 운영한다고 생각해 보세요. 직장인들이 점심시간에 '근처 뭐 먹지?' 하고 검색합니다. 즉흥형입니다. 거주지 주변 상권도 마찬가지입니다. 퇴근 후 '집 근처 뭐 먹지?' 하고 검색하는 것도 역시 즉흥형입니다.

그런데 같은 음식점이 한남동에 있다면요? 한남동, 압구정, 성수 같은 상권은 약속을 잡는 상권입니다. '이번 주말에 성수에서 만나자, 거기 뭐 먹을까?' 이건 계획형입니다. 며칠 전부터 검색하고, 비교하고, 예약합니다. 같은 음식점인데 고객의 행동이 완전히 다른 겁니다.

관광 상권은 더 뚜렷합니다. 제주도를 즉흥적으로 가는 사람은 거의 없습니다. 비행기표를 끊고, 숙소를 잡고, 맛집을 리스트업합니다. 제주도에 있는 음식점이라면, 고객의 Trigger는 출발 며칠 전에 이미 발동된 겁니다. 그래서 관광 상권의 음식점은 뷰티숍처럼 리뷰의 깊이와 예약 시스템이 중요합니다.

사장님, 정리하면 이렇습니다. 업종만 보지 마세요. 내 가게가 있는 상권의 성격을 먼저 파악하세요. 즉흥형 상권이면 지도 노출과 대표 사진이 승부처이고, 계획형 상권이면 키워드·리뷰·예약 시스템이 승부처입니다.

그래서 이 분석을 반드시 사장님이 직접 하셔야 합니다. 내 업종이 뭔지, 내 상권이 어떤 성격인지, 그 조합에서 고객이 검색창에 어떤 단어를 치는지. 이건 대행사가 알려줄 수 없습니다. 여의노 식장인 점심 상권에서 돈까스집을 하는 사장님과, 속초 관광 상권에서 돈까스집을 하는 사장님은 잡아야 할 키워드가 완전히 다릅니다. 같은 돈까스집인데도 여의도라면 '점심'이라는 키워드가 중요하고, 관광지인 속초라면 '현지인 맛집'이라는 키워드가 중요합니다. '여의도 현지인 맛집'을 검색하는 사람은 잘 없으니까요. **업종 × 상권 = 고객의 검색어.'** 이 공식을 아는 사람은 사장님밖에 없습니다. 사장님 가게에 오는 고객이 어떤 유형인지 알면, 어떤 키워드에 보여야 하는지가 자연스럽게 따라옵니다.

Search의 두 가지 경로

Trigger가 발동되면 고객은 두 가지 경로로 검색합니다.

지도 검색은 위치 기반입니다. '내 주변 카페'처럼 지금 있는 곳 근처를 찾습니다. 즉흥형 Trigger와 궁합이 좋습니다. 키워드 검색은 목적 기반입니다. '부천 실내 데이트코스'처럼 특정 상황과 목적을 담은 검색어를 입력합니다. 계획형 Trigger와 궁합이 좋습니다.

같은 가게라도 고객의 성향에 따라서도 달라질 수 있습니다. 따라서, 사장님의 가게가 두 경로 모두에서 잡혀야 합니다. 지도 검색에만 의존하면 계획형 고객을 놓치고, 키워드 검색만 신경 쓰면 바로 앞을 지나가는 즉흥형 고객을 놓칩니다. 즉, 내 고객이 실제 방문할 가능성이 높은 키워드를 발굴하고, 내 플레이스를 클릭하고 들어왔을 때 '가보고 싶다.' 라는 마음이 들게 전환 설계를 하는 것만이 해결책입니다.

'함께많이찾는' 키워드: 고객 Trigger의 보물창고

플레이스에는 '함께많이찾는' 키워드라는 기능이 있습니다. 이 것은 사장님 매장을 검색한 고객이 같이 검색한 다른 키워드 목록입니다.

예를 들어, '해운대 맛집'을 검색하면 '함께많이찾는'에 이런 키워드들이 뜹니다. 해운대 맛집 저녁, 해운대 미포 맛집, 해운대 밀면 맛집, 해운대 달맞이 맛집, 해운대 해수욕장 맛집, 해운대

'해운대 맛집' 검색어의 '함께많이찾는' 키워드

현지인 맛집, 해운대 좌동 맛집, 해운대 우동 맛집, 해운대 시장 맛집, 해운대 고기 맛집, 해운대 해산물 맛집, 해운대 근처 맛집, 해운대 한식 맛집.

이 목록을 가만히 보세요. '해운대 맛집'이라는 큰 키워드 안에 고객의 진짜 의도가 전부 드러나 있습니다. 저녁을 먹으려는 사람, 미포나 달맞이 같은 특정 동네를 찾는 사람, 밀면이나 해산물 같은 메뉴를 정한 사람, 관광객이 아닌 현지인 맛집을 원하는 사람. 실제 내 가게에 방문할 가능성이 높은 고객이 어떤 키워드를 검색하는지, 여기서 발견할 수 있습니다.

이 데이터를 읽을 줄 알면, 사장님이 상상도 못 했던 키워드가 보입니다. 그리고 그 키워드가 진짜 매출을 만드는 키워드입니다.

목적형 vs 탐색형 키워드

키워드는 크게 두 종류입니다. 목적형은 '잠실 점심 맛집', '잠실 브런치'처럼 구체적인 목적을 가진 검색입니다. 이미 마음이 기울어져 있으므로 전환율이 높습니다. 탐색형은 '잠실 가볼 만한 곳', '잠실 놀거리', '잠실 실내데이트'처럼 아직 방향을 정하지 못한 검색입니다. 노출 범위는 넓지만 전환까지 거리가 있습니다.

둘 다 필요하지만 우선순위는 있습니다. 목적형으로 전환을 만들고, 탐색형으로 잠재 고객 풀을 넓히는 것입니다. 예를 들어, 수제버거 사장님이라면 '잠실 수제버거 맛집'이라는 목적형 키워드에서 방문 전환을 잡으면서, '잠실 데이트'라는 탐색형 키워드에서 새로운 고객층을 만들 수 있습니다. 카페라면 '잠실 테라스 카페', '잠실 디저트 카페'가 목적형이고, 숙소라면 '제주 키즈 풀빌라'가 목적형입니다. 중요한 건 내 매장 고객의 Trigger가 어느 쪽에 가까운지 파악하는 것입니다.

사례: Trigger를 알았더니 생각도 못한 키워드가 열렸다

메인 사례 — 노모어뷰티앤왁싱(뷰티숍, 마곡)

마곡나루에서 왁싱숍을 운영하는 노모어뷰티앤왁싱 사장님. 1년 동안 '마곡 왁싱'이라는 키워드로 마케팅했습니다. 마곡에서

'노모어뷰티앤왁싱' 전경

왁싱숍을 하니까 '마곡 왁싱'이 당연한 키워드라고 생각하셨습니다. 그런데 1년이 지나도 2페이지 밖을 벗어나지 못했습니다.

문제는 키워드가 아니라 고객의 Trigger에 있었습니다. 이 가게에 오는 고객은 누구인가? 마곡나루역 근처에서 일하거나 사는 사람들이었습니다. 그렇다면 이 고객이 왁싱을 받으려고 할 때, 검색창에 뭘 칠까요? '마곡 왁싱'이 아닙니다. '마곡나루 왁싱'

'마곡나루왁싱' 검색 상위노출 캡처 사진

입니다. 고객은 행정구역이 아니라, 자기가 있는 역 이름으로 검색합니다.

'마곡 왁싱'은 마곡역, 마곡나루역, 발산역까지 아우르는 넓은 키워드였습니다. 경쟁자도 많고, 정작 매장 바로 앞의 고객은 이 키워드로 검색하지 않았던 겁니다.

사장님은 거점 키워드를 '마곡나루 왁싱'으로 바꿨습니다. 결

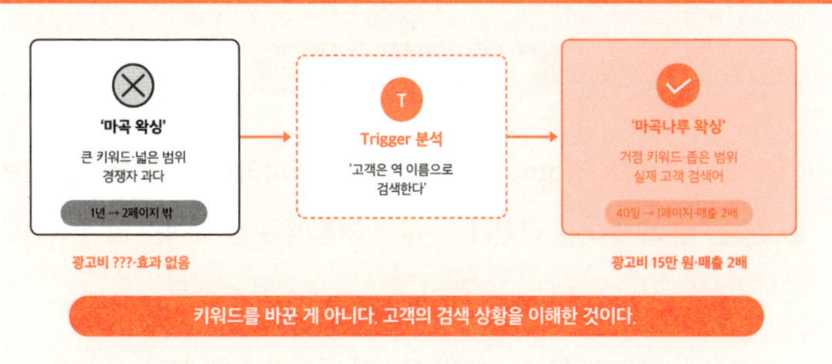

과는 40일 만에 1페이지 진입, 매출 2배. 이때 사용한 광고비는 15만 원이 전부였습니다. 1년 동안 안 되던 일이, 고객의 Trigger를 이해한 순간 40일 만에 풀린 겁니다. 키워드를 바꾼 게 아닙니다. 고객의 검색 상황을 이해한 겁니다.

- **내 매장 고객의 Trigger 유형(즉흥/계획)을 파악하고, 각 유형별 검색 상황을 세 가지 이상 적었다** — 우리 가게에 오는 고객은 어떤 상황에서 검색을 시작하는지, 구체적인 장면을 떠올려 보세요.

- **각 Trigger에 해당하는 검색어를 1개 이상 추측해 봤다** — 즉흥형이라면 '근처 + 업종', 계획형이라면 '지역 + 상황 + 목적' 형태가 될 겁니다.

- **플레이스의 '함께많이찾는' 키워드를 확인하고, 예상하지 못한 키워드가 있는지 봤다** — 내가 생각한 키워드와 고객이 실제 검색한 키워드가 다를 수 있습니다. 그 차이가 새로운 매출의 실마리입니다.

- **경쟁 매장의 '함께많이찾는' 키워드도 확인해 비교했다** — 경쟁 매장 고객의 Trigger를 읽으면, 내가 놓치고 있는 고객층이 보입니다.

📝 **한 줄 정리**

'고객은 '맛집'을 검색하는 게 아니라 '오늘 저녁 뭐 먹지'를 검색한다. 그 질문을 아는 매장만 검색 결과에 살아남는다.'

다음 5장에서는 검색까지 마친 고객이 후보군을 놓고 비교하고(C), 검증하고(V), 행동하는(A) 과정을 다룹니다. 검색에서 잡은 고객을 실제 방문으로 전환하는 메커니즘, 거기서 진짜 매출이 갈립니다.

5장.
1,000명이 봤는데
예약은 5건인 이유

노출은 되는데, 왜 전화가 안 울릴까

사장님, 이 숫자를 보세요.

노출 1,000건. 플레이스 통계에 찍힌 이번 주 수치입니다. 1,000명이 사장님 가게를 봤습니다. 그런데 예약은 5건. 나머지 995명은 어디로 갔을까요?

사라졌습니다. 사장님 가게 앞까지 왔다가, 문을 열지 않고 돌아간 겁니다.

10년 넘게 장사하면서 '맛으로 승부하면 된다'고 믿어온 사장님이라면 이게 더 억울합니다. 기술이 없어서가 아니라, 기술을 보여줄 기회조차 얻지 못하고 있으니까요. '노출이 이만큼 되는데 왜 매출이 안 오르지?' 이 질문 앞에서 많은 사장님이 막막해하십니다.

답은 간단합니다. 노출은 시작일 뿐, 끝이 아닙니다.

4장에서 고객이 필요를 느끼고(Trigger) 검색하는(Search) 과정을 살펴봤습니다. 검색 결과에 내 가게가 떴다고 해서 손님이 바로 오는 게 아닙니다. 고객은 검색 결과 화면에서 3~5곳을 빠르게 훑고, 그중 한두 곳을 골라 꼼꼼히 들여다보고, 마지막에야 예약 버튼을 누릅니다. 비교하고(Compare), 검증하고(Verify), 행동한다(Action). 이 세 관문을 모두 통과시켜야 매출이 됩니다.

전환율이라는 개념을 하나만 기억해 주세요. 플레이스에 100명이 들어왔을 때 실제로 전화하거나 예약하는 사람의 비율입니다. 전환율이 2%인 가게와 6%인 가게는, 같은 노출 수에서 매출이 세 배 차이 납니다. 그리고 전환율을 높이는 데는 광고비가 한 푼도 안 듭니다. 사진 한 장 바꾸고, 리뷰 답글 하나 달고, 예약 버튼 하나 켜는 일입니다.

'리뷰 많으면 다 되는 거 아닌가요?'

흔한 오해 두 가지를 짚겠습니다.

첫째, '리뷰가 많으면 무조건 유리하다.' 리뷰 300개짜리 가게가 리뷰 50개짜리 가게에 밀리는 경우, 생각보다 흔합니다. 리뷰가 전부 6개월 전 것이라면, 고객은 '지금도 영업하나?' 의심부터 합니다. 리뷰의 양보다 최신성, 구체성, 사진 포함 여부가 더 중요합니다.

둘째, '노출만 되면 손님이 온다.' 이건 마치 전단지를 뿌리기만 하면 손님이 오겠지, 하는 생각과 같습니다. 전단지를 받아 든 사람이 가게 앞까지 와서 간판을 보고, 메뉴판을 읽고, '여기 괜찮겠다' 확신이 들어야 문을 엽니다. 플레이스도 똑같습니다.

C→V→A, 고객의 머릿속 3단계

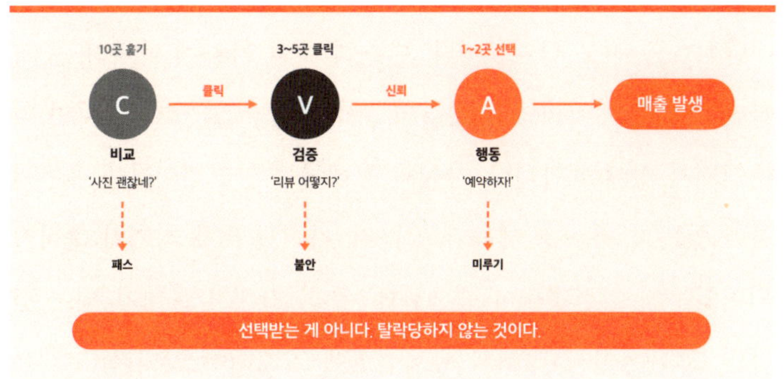

Compare(비교): 1초의 시각 필터링

고객이 '파주 수제버거'를 검색하면 화면에 여러 가게가 뜹니다. 이때 고객의 눈은 1초 만에 판단합니다. 대표 사진이 먹음직스러운가, 리뷰 수는 괜찮은가. 이 짧은 순간에 '한번 눌러볼까'와 '패스'가 갈립니다. 고객은 보통 10곳을 빠르게 훑고, 그중 3~5곳만 클릭합니다. 그중 한두 군데만 최종 선택을 받죠. 대표 사진 한 장이 곧 첫인상이고, 첫인상에서 탈락하면 아무리 맛있는 가게라도 기회조차 없습니다. 선택받는 게 아닙니다. 탈락당하지 않는 겁니다.

Verify(검증): 3분의 정밀 검증

클릭해서 최종 후보 선정까지 마친 고객은 이제 꼼꼼해집니다. 최신 리뷰부터 읽습니다. 내 상황과 유사한 리뷰가 있는지, 사진이 실제와 비슷한지, 부정적 리뷰에 사장님이 어떻게 답했는지를 봅니다. 상세설명을 읽으면서 내가 걱정하는 부분에 대한 대답이 있는지도 살펴봅니다. 단순히 주차 가능이 아니라, 주차장이 넓어서 주차하기 편리한지, 주차요금은 있는지, 있다면 얼마인지가 있어야 합니다. 아이와 동행하는 맘고객이라면 유아의자가 있는지, 유아용 메뉴가 있는지, 아이를 위해 식기가 준비가 되어있는지 이런것들이 중요한데, 우리 가게가 준비가 되어 있다면 그 내용을 정리해서 상세설명에 기재해야 합니다. 고객은 '가서 실패하면 어떡하지?'에 대한 걱정이 남아 있습니다. 이 단계에서 고객의 뇌는 방문 실패의 리스크를 계산합니다. 부정적 리뷰 자체가 문제가 아닙니다. 부정적 리뷰에 아무 답도 없는 것이 문제입니다. 사장님의 정중하고 구체적인 답글 하나가 '이 가게는 신경 쓰는 곳이구나'라는 신뢰를 만들고, 그 신뢰가 다음 단계로 넘어가는 열쇠입니다.

Action(행동): 마지막 한 걸음의 설계

검증까지 통과한 고객은 '가자!'고 마음먹었습니다. 그런데, 구체적인 이용 방법에 대한 안내가 없거나 예약을 할 수 없으면 마음이 식습니다. 특히 밤에 검색하는 고객이 많습니다. 밤 12시에 '내일 점심 여기 갈까?' 하다가 예약할 방법이 없으면 다음 날 보기로 하고 넘어갑니다. 그리고, 다음 날이 되면 처음부터 다시 검색해서 비교하기 시작합니다. 그러다가 마음이 바뀌어서 다른 가게로 갈 수 있습니다. 행동 단계의 핵심은 마찰 제거입니다. 예약 버튼 한 번이면 끝나도록 설계해야 합니다. 길찾기가 바로 되는지, 주차 안내가 있는지, 당일 예약이 가능한지. '지금 예약 가능'이라는 표시 하나, 첫 방문 혜택 한 줄이 망설이는 고객의 등을 밀어줍니다.

토즈모임센터 선릉삼성점: 고객이 다르면, 전환 경로도 다르다

같은 공간인데 고객마다 원하는 게 다르면 어떻게 해야 할까요? 강님 토즈모임센터 선릉삼성점의 답은 '고객을 나눠라'였습니다.

코로나 이후 120평 공간이 텅텅 비었습니다. 사장님은 고객을 세 그룹으로 쪼갰습니다. 기업 고객, 강사/컨설턴트, 학생. 그리고 각 그룹의 C→V→A 경로를 다르게 설계했습니다.

기업 고객은 가격표와 시설 사진을 먼저 봅니다(C). 강사는 '여기서 강의한 후기'를 찾습니다(V). 학생은 '혼자 스터디 가능한 패키지'가 있는지 확인합니다(A). 같은 공간이지만 고객이 확인하는 항목이 전부 다릅니다.

토즈모임센터 선릉삼성점 전경

사장님은 아예 브랜드를 둘로 나눴습니다. 단기 이용은 '토즈', 장기 공유오피스는 '워크포레스트.' 플레이스도 두 개로 분리했습니다. 각각의 플레이스에 각각의 고객이 원하는 정보를 채웠습니다.

'고객 페르소나 — 우리 가게에 올 가능성이 가장 높은 가상의 대표 고객 — 를 명확히 하면 마케팅 전략이 명확해집니다.' 사장님의 말씀입니다. 결과는 강남 모임공간 1위, 매출 2배, 흑자 전환. '플레이스는 고객의 흔적을 남기는 일기장'이라는 사장님의 표현이 인상적입니다.

'강남 회의실' 검색 상위노출 캡처 사진

사장님의 가게도 마찬가지입니다. 우리 가게에 오는 고객이 한 종류가 아닐 수 있습니다. 점심 직장인과 저녁 가족 손님이 확인하는 항목은 다릅니다. 고객이 누구인지 알면, 그 고객이 어디서 비교하고, 무엇을 검증하고, 어떻게 행동하는지가 보입니다.

토즈모임센터 선릉삼성점의 노하우가 궁금하다면?

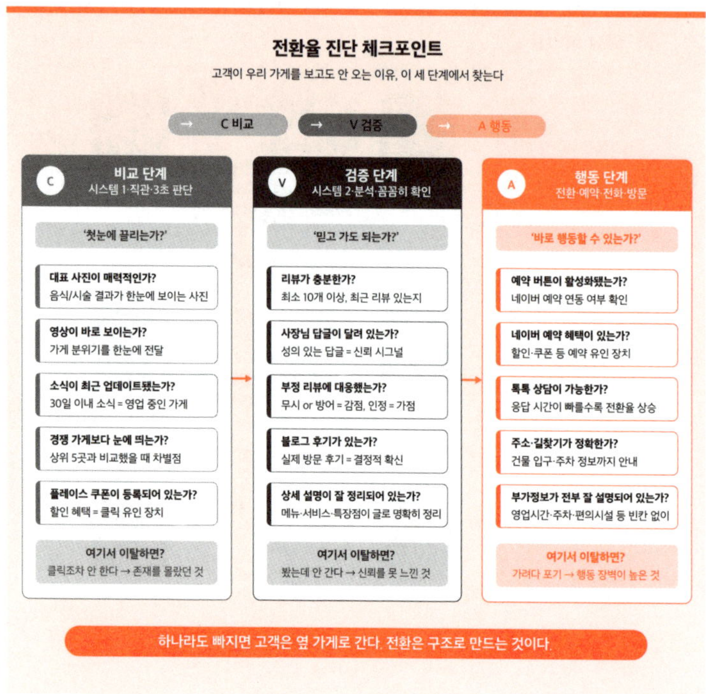

전환율 하나 바꿨을 뿐인데 — 용산 퍼스널컬러, 신당동 속눈썹

음식점이나 공유오피스만의 이야기가 아닙니다. 뷰티숍에서도 C→V→A 구조는 똑같이 작동합니다.

용산에서 퍼스널컬러 진단샵을 운영하던 한 원장님은 시술 실력에는 자신이 있었지만, 플레이스 유입 대비 실제 예약이 적다는 걸 뒤늦게 깨달았습니다. 원인을 파고들어 보니, 비교 단계(C)에서 대표 사진이 매장 로고였고, 검증 단계(V)에서 상세 설명에

'퍼스널컬러 진단'이라는 말만 있을 뿐 시술 과정이나 소요시간, 가격 안내가 없었습니다. 고객이 '여기서 뭘 해주는 건지' 알 수가 없는 상태였던 겁니다.

대표 사진을 시술 전후 비교 사진으로 바꾸고, 상세 설명에 '90분 1:1 진단 → 퍼스널 컬러북 제공 → 쇼핑 동행 서비스 가능'이라는 흐름을 적었습니다. 리뷰 답글도 '감사합니다' 한마디에서, 고객이 받은 시술 내용을 구체적으로 언급하는 방식으로 바꿨습니다. 돈 한 푼 들이지 않고 바꾼 것뿐인데, 당월 예약이 전부 마감됐습니다.

신당동에서 속눈썹 시술을 하던 매장도 비슷합니다. 플레이스 사진과 상세 설명을 고객 관점으로 재정비한 뒤, 매출이 4배 올랐습니다. 두 매장 모두 광고비는 0원이었습니다. 바꾼 건 고객이 비교하고 검증하는 화면, 즉 전환 구조뿐이었습니다.

전환율 1%의 무게

숫자로 한번 따져보겠습니다.

사장님 플레이스에 주간 유입이 500명이라고 가정합니다. 전환율이 2%면 주 10명이 전화하거나 예약합니다. 전환율이 5%면 주 25명입니다. 같은 유입, 같은 광고비, 같은 메뉴인데 한 달이면 60명 차이입니다. 객단가 2만 원이면 월 120만 원. 1년이면 1,440만 원입니다. 추가로, 검색은 한 명이 하지만, 방문은 2~4명이 하게 되죠. 평균 테이블당 방문객수가 3명이라면 여기에서 곱하기 3을 해야 합니다.

노출을 2배로 늘리려면 광고비가 2배 필요합니다. 하지만 전환율을 2%에서 5%로 올리는 데는 돈이 안 듭니다. 사진 한 장, 리뷰 답글 하나, 예약 버튼 하나. 이번 장에서 배운 C→V→A 각 단계의 빈칸을 채우는 것만으로 가능합니다. 광고비를 쓰기 전에, 전환 구조부터 잡아야 하는 이유가 여기 있습니다.

- 내 플레이스 대표 사진을 주변 3명에게 보여주세요. '여기 가고 싶어?' 라고 물어보세요. 망설이면 사진을 바꿔야 합니다. (→ 9장에서 구체적으로 다룹니다)

- 최근 1개월 내 리뷰를 열어보세요. 답글이 없는 리뷰가 있다면 오늘 답글을 달아주세요. 답글은 리뷰를 쓴 고객이 아니라, 그 리뷰를 읽을 다음 고객을 위한 것입니다.

- 부정적 리뷰가 있다면, '죄송합니다' 한마디로 끝내지 마세요. 어떻게 개선했는지 구체적으로 써주세요.

- 스마트콜, 예약, 톡톡. 세 가지 행동 경로가 모두 활성화되어 있는지 확인하세요. 하나라도 꺼져 있으면 고객이 행동할 수 없습니다.

- 영업 시간, 메뉴, 가격 정보, 주차 정보를 오늘 기준으로 업데이트하세요. 정보가 틀리면 검증 단계에서 탈락합니다.

5개 항목 중 3개 이상 체크가 안 된다면, 전환율이 새는 구멍이 있는 겁니다. 광고비를 쓰기 전에, 이 구멍부터 막으세요. 전환율이 낮은 상태에서 광고를 돌리는 건, 구멍 난 양동이에 물을 붓는 것과 같습니다.

**'고객의 눈은 1초 만에 비교하고, 머리는 3분 동안 검증한다.
둘 다 통과해야 예약 버튼을 누른다.'**

4장에서 고객이 검색해서 후보군을 찾는 과정(T→S)을 이해했습니다. 이번 장에서 그 후보군 안에서 최종 선택이 일어나는 과정(C→V→A)을 살펴봤습니다. 이제 이론은 충분합니다. 6장부터는 실전입니다. 가장 먼저 해야 할 일, '작은 성 키워드 점령'으로 들어갑니다.

Part 3

키워드를
지배하는 방법

6장.
상위노출해야 하는
키워드는 따로 있다

PART 2에서 고객이 움직이는 전체 지도, 고객 방문 설계 6단계(TSCVAS)를 그렸습니다. 이제부터 PART 3~5에서 그 지도 위에 실제 구조물을 세웁니다. 우리가 짓고 있는 건 플레이스라는 브랜드 홈페이지입니다. PART 3에서는 그 홈페이지에 고객이 찾아오는 길 — 노출(S, 검색)을 설계합니다.

5장에서 우리는 고객이 플레이스를 보고 비교하고 검증하고 행동하는 전환 메커니즘을 살펴봤습니다. 이제 실전입니다. 전환 구조를 아무리 잘 짜놨어도, 검색에서 발견되지 않으면 아무 소용이 없습니다. 그런데 검색 노출을 시작할 때, 대부분의 사장님이 같은 실수를 합니다.

1. '왜 나는 검색해도 안 나올까?'

사장님, 플레이스를 처음 세팅하고 나서 가장 먼저 하는 행동이 뭔지 아시나요?

'OO동 맛집', 'OO역 카페'를 검색해 보는 겁니다. 그리고 3페이지까지 스크롤해도 내 가게가 안 보이면 한숨이 나옵니다. '아, 역시 안 되는구나.' 그래서 광고를 알아보거나, 대행사에 전화합니다. 아니면 리뷰를 사볼까 고민합니다.

잠깐, 여기서 멈추세요.

사장님이 검색한 그 키워드 — '성수 카페', '마곡 맛집', '홍대 미용실' — 는 월 검색량이 수만 건에 달합니다. 이미 방송을 타거나 유명한 리뷰 수천 개짜리 가게들이 1페이지를 점령하고 있습니다. 여기에 리뷰 20개짜리 신생 가게가 정면 돌파한다? 이건 칼 한 자루 들고 성을 점령하겠다고 돌격하는 것과 같습니다.

큰 성 키워드(검색량이 많은 키워드)에 처음부터 올인하면, 시간도 돈도 자신감도 전부 소진됩니다.

2. '작은 키워드는 의미 없다'는 착각

이때 사장님들이 빠지는 두 번째 함정이 있습니다.

"성수 카페' 같은 큰 성 키워드를 잡아야 의미가 있지, 검색량 500건짜리 키워드를 잡아서 뭐 하나?'

이 생각, 완전히 거꾸로입니다.

검색량이 많다는 건 그만큼 경쟁이 치열하다는 뜻이고, 검색하는 사람의 목적도 다양합니다. '강남역 맛집'을 검색하는 사람은 회식 자리를 찾는 사람, 데이트 장소를 찾는 사람부터 다양한 니즈를 가진 고객들이 다 섞여 있습니다. 내 가게에 올 확률? 낮습니다.

반면 '강남역 청첩장모임'을 검색하는 사람은요? 청첩장 모임을 할 만큼 단체나 룸이 있는 식당을 찾는 사람입니다. 이런 키워드는 평소에는 400~500건 정도이지만 4월이 되면 월 5,000건으로 늘어납니다. 결혼 시즌 전에 급격히 늘어나는 키워드이기에 전략만 잘 짜면 높은 객단가와 마진까지 잡을 수 있는 매력적인 키워드입니다. 그리고, 이런 키워드는 검색량은 적어도, 그 사람이 내 가게에 올 확률은 훨씬 높습니다.

검색량이 적은 키워드가 매출을 만듭니다. 왜냐하면 전환율이 높기 때문입니다.

3. 작은 성을 점령하면 큰 성이 무너진다

네이버를 거대한 들판이라고 상상해 보세요. 이 들판에는 키워드라는 '성'들이 흩어져 있습니다.

큰 성은 검색량이 많고 경쟁이 치열합니다. 리뷰 수천 개, 저장 수만 개인 가게들이 이미 자리 잡고 있습니다. 작은 성은 검색량이 적지만 경쟁자가 거의 없습니다. 거기에 간판을 꽂으면 바로 눈에 띕니다.

이 작은 성 키워드처럼 전환율이 높아서 반드시 가장 먼저 공

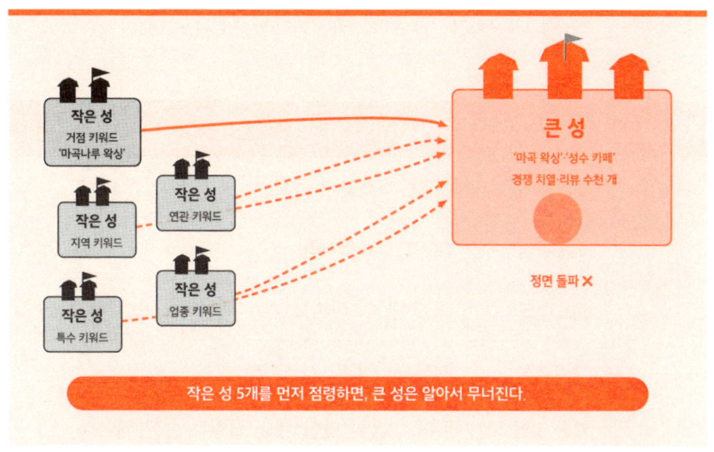

략해야 되는 키워드를 저는 '거점 키워드'라고 부릅니다.

전략은 단순합니다. 작은 성 키워드 1개를 먼저 점령해서 나의 거점키워드를 만듭니다. 점령하면 매출이 생기고, 리뷰가 쌓이고, 플레이스 활동 점수가 올라갑니다. 이 기세로 다른 성을 차례대로 공략합니다. 작은 성들을 전부 점령하면? 큰 성에서도 순위가 자연스럽게 올라갑니다.

마곡왁싱보다 마곡나루왁싱을 거점키워드로 공략했더니 매출이 2배가 올랐습니다. 처음부터 큰 성에 달려들 필요가 없습니다. 전환율이 높은 작은 성 키워드가 큰 성 키워드 보다 빠르고, 확실하고, 안전합니다.

키워드는 어디서 오나 — 여덟 가지 분류를 기억하세요

거점 키워드를 찾으려면 먼저 키워드의 유형을 알아야 합니다. 크게 지역형 네 가지, 업종형 네 가지로 나뉩니다.

대분류	중분류	예시 (키워드)
지역형	행정구역	ㅇㅇ동, ㅇㅇ구, ㅇㅇ시
	교통지점	ㅇㅇ역, ㅇㅇ사거리
	랜드마크	ㅇㅇ공원, ㅇㅇ아파트, ㅇㅇ구청, ㅇㅇ시장, 관광지
	상권별칭	ㅇㅇ택지, ㅇㅇ길, ㅇㅇ거리
업종형	업종 일반	카페, 미용실, 맛집, 네일, 풀빌라, 술집, 케이크
	방문 목적	데이트, 회식, 혼밥, 청첩장 모임
	메뉴 이름	파스타, 포케, 초밥, 웨딩네일, 두쫀쿠, 브런치, 히피펌
	특수 조건	애견동반, 24시, 테라스, 루프탑, 룸, 오션뷰, 키즈, 독채, 온수, 레터링

이 여덟 가지 분류를 조합하면 예상치 못한 키워드가 나옵니다. '부산 레터링케이크', '홍대청첩장모임', '서귀포온수풀빌라', '판교애견동반카페', '영주택지카페.' 모두 이 조합에서 나온 거점 키워드입니다.

4. 작은 성 점령, 이렇게 했습니다

메인 사례 — 영주의 카페

영주에서 카페를 운영하는 사장님이 있었습니다. 처음에 '영주 카페'를 검색했더니 경쟁이 만만치 않았습니다. 리뷰 많은 가게들이 이미 1페이지를 차지하고 있었습니다.

그런데 네이버에서 흥미로운 키워드가 눈에 띄었습니다. '영주 택지 카페.' 가흥동 지역을 주민들이 '영주 택지'라고 부른다는 걸 발견한 겁니다. 검색량은 월 610건. 검색 결과를 보니 10개 매장이 나오는데, 실제 카페는 6개뿐이었습니다. 나머지 4개는 카페가 아닌 다른 업종이었습니다.

사장님은 업체명에 '택지'라는 지역명을 넣었습니다. 플레이스의 SEO 점수는 고객의 검색어와 업체 정보의 유사도를 봅니다. 업체명에 키워드가 들어가면 유사도 점수가 올라가고, 작은 성 키워드일수록 이 효과가 극대화됩니다.

결과요? 업체명 하나 바꿨을 뿐인데, 하루 만에 1페이지 2등. 연간 7,200명의 잠재고객이 이 키워드를 통해 유입될 수 있는 구조가 만들어졌습니다. 큰 돈을 쓴 것도 아닙니다. 업체명만 바꿨을 뿐입니다.

가흥동이라는 남들이 다 하는 키워드에 매달렸으면 몇 달을 허비했을 겁니다. 작은 성 하나를 정확하게 잡았을 뿐인데, 하루 만에 1페이지에 올라간 겁니다. 다만, 주의할 점이 있습니다. 내 가게가 공략하고 있는 키워드에 순위가 2,3페이지에 노출되고 있는 경우에는 수정할 경우 순위가 오히려 하락하는 경우도 발생합니다. 기존 가게 이름으로 최적화가 되어 있기 때문에 수정하게 되면 최적화 점수가 오히려 떨어지기 때문입니다. 그래서, 작은 성 키워드를 공략하거나, 이제 막 오픈하거나, 순위가 매우 낮은 가게만 추천드리고 있습니다.

보조 사례 1 — 노모어뷰티앤왁싱, 마곡의 왁싱숍

앞에서도 설명한 마곡 왁싱숍 사장님은 다른 문제가 있었습니다. 플레이스를 열심히 관리하고 있었는데, 검색 유입이 이상하게 적었습니다.

원인은 거점키워드 미스매치였습니다. 행정구역 기준으로 키워드를 잡았는데, 실제 고객들은 그 지역명으로 검색하지 않았던 겁니다. 고객이 실제로 검색하는 지역명으로 거점키워드를 '마곡왁싱'에서 '마곡나루왁싱'으로 바꿨습니다.

거점키워드를 바로잡은 뒤, 1페이지에 진입하며 매출이 눈에 띄게 올랐습니다. 1년 동안 헤맸던 문제의 원인이 거점키워드 미스매치였던 겁니다.

보조 사례 2 — 레터링케이크, 부산의 디저트샵

부산에서 레터링 케이크를 만드는 사장님은 처음부터 업체명에 '부산 레터링 케이크'를 넣었습니다. 이 키워드는 월 2,330건, 연 28,000건이 검색됩니다. 케이크 한 개 평균 4만 원으로 추산하면 잠재매출 약 11억 원.

재미있는 건, 이 키워드로 1~3위를 차지한 매장들은 모두 업체명에 해당 키워드를 포함하고 있었고, 포함하지 않은 매장은 하위권에 머물고 있었다는 겁니다. 업체명에 키워드를 넣는 것,

이것만으로도 작은 성 점령의 강력한 무기가 됩니다.

　세 사례의 공통점이 보이시나요? 영주의 카페는 지역 별칭을 발견했고, 노모어뷰티앤왁싱은 고객의 실제 검색어를 찾아냈고, 레터링케이크는 업체명에 키워드를 넣었습니다. 모두 거창한 기술이 아니라, 고객이 실제로 검색하는 작은 키워드를 정확히 짚은 것이 핵심이었습니다.

- 네이버를 열고, 여덟 가지 유형을 토대로 조합을 해서 검색을 해보세요.

- 이런 방식으로 키워드를 최소 5개 만들어보세요

- 만든 키워드를 나열하고 옆에 검색량까지 적어보세요. 그리고, 실제 검색 시 가게가 몇 군데 나오는지도 적으세요.

- 작은 성 키워드 5개를 골라 점령 우선순위를 정하세요.

- 첫 번째 거점 키워드로 검색해서 내 가게가 몇 번째에 나오는지 기록하세요. 2주 뒤 다시 검색해서 비교할 기준점입니다.

5분이면 시작할 수 있습니다. 네이버를 열고, 내 가게 근처 지역명과 업종을 조합해서 검색해 보세요. 지역과 업종에 따라 하루 만에 결과가 나올 수도 있고, 노모어뷰티앤왁싱 사장님처럼 몇 주가 걸릴 수도 있습니다. 하지만 큰 성 키워드에 6개월을 허비하는 것보다는 훨씬 빠르고 확실합니다.

**'큰 성 키워드에 정면 돌파하지 마라.
작은 성 5개를 먼저 점령하면, 큰 성은 알아서 무너진다.'**

다음 장에서는 '그 작은 성을 대체 어떻게 찾는가'를 다룹니다. 키워드는 단어가 아니라 고객의 질문입니다. 고객이 실제로 검색하는 키워드를 발굴하고 확장하는 구체적인 방법, 7장에서 만나겠습니다.

7장.
키워드에 대한
흔한 오해

사장님, 잠깐 실험 하나 해보겠습니다.

지금 스마트폰을 꺼내서, 사장님이 직접 잡으려고 하는 키워드를 검색해 보세요. 1페이지에 사장님 가게가 보이시나요? 아마 안 보일 겁니다. 그런데 한 가지 더. 그 키워드를 검색하는 고객은 정말 사장님 가게에 올 사람일까요?

문제는 키워드를 '단어'로 보고 있다는 겁니다. 키워드는 단어가 아닙니다. 키워드는 고객이 검색창에 던지는 질문입니다. '성수 카페'를 검색하는 사람과 '성수 브런치 카페'를 검색하는 사람은 완전히 다른 질문을 하고 있습니다. 질문이 다르면 답도 달라야 합니다.

6장에서 키워드 맵의 프레임을 잡았습니다. 작은 성부터 점령하라는 전략도 이해하셨을 겁니다. 그런데 그 맵을 채울 실제 키워드는 어디서 찾아야 할까요? 이번 장에서는 고객의 질문을 읽는 법, 그리고 경쟁자가 모르는 숨은 키워드를 발굴하는 구체적인 방법을 알려드리겠습니다.

흔한 오해

오해 1. '검색량이 높은 키워드가 무조건 좋다'

검색량이 월 3,000회인 키워드와 월 300회인 키워드가 있습니다. 대부분의 사장님은 3,000회짜리를 노립니다. 하지만 그 키워드에 경쟁자가 300곳이라면? 사장님 가게가 고객 눈에 띌 확률은 극히 낮습니다. 반면 월 300회짜리 키워드에 경쟁자가 5곳뿐이라면, 그 300명 중 상당수가 사장님 가게를 클릭합니다. 게다가 '성수 브런치 카페'처럼 구체적인 키워드일수록 고객의 방문 의지가 높습니다. 검색량이 아니라 검색 의도를 봐야 합니다.

오해 2. '키워드 발굴은 한 번 하면 끝이다'

고객의 검색 패턴은 계절마다 바뀝니다. 카페를 예로 들어보겠습니다. 봄에는 '루프탑 카페', '테라스 카페', '벚꽃 카페'가 뜨고, 여름에는 '오션뷰 카페'가 올라오고, 가을에는 '단풍 카페'가 치고 들어옵니다. 계절만 바뀌어도 고객이 검색하는 단어가 완전히 달라지는 겁니다.

그런데 계절 변화만 있는 게 아닙니다. 아예 새로운 키워드가 갑자기 생겨나기도 합니다. '두쭌쿠 카페'라는 키워드는 2026년 1월과 2월 사이에 검색량이 폭발적으로 늘었고, 버터떡이 그 뒤를 이었습니다. '느좋(느낌 좋은의 줄임말) 카페'라는 키워드도 어느 날 갑자기 등장했습니다. 이런 키워드는 얼마 전에는 존재하지도 않았습니다. 한 번 정하고 방치하면 이런 기회를 전부 놓칩니다. 키워드 발굴은 끝이 아니라 꾸준히 반복해야 하는 일입니다.

오해 3. '경쟁 매장과 같은 키워드를 써야 한다'

경쟁자가 쓰는 키워드를 따라가면 경쟁자와 똑같은 싸움을 하게 됩니다. 진짜 기회는 경쟁자가 놓친 틈새에 있습니다. 뒤에서 소개할 '비밀 키워드'라는 개념이 바로 이겁니다.

키워드 발굴이 얼마나 중요한지, 한 가지 사례부터 보겠습니다. 구미 송정동에서 수육 전문점을 운영하는 사장님은 '구미 송정동 맛집'이라는 키워드만 바라보고 있었습니다. 대행사도 같은 키워드만 공략했고, 1년이 지나도 순위는 바뀌지 않았습니다. 그런데 키워드를 직접 들여다보니, 바로 옆에 '구미 송정 맛집'이라는 키워드가 있었습니다. '동' 한 글자 차이입니다. 경쟁은 훨씬 적고, 검색량은 연간 1만 건 이상. 이 키워드 하나를 바꿔 잡았더니, 두 달 만에 1위를 달성했고 큰 키워드 순위도 덩달아 올라갔습니다. 추가로, '구미 복개천 맛집'이라는 작은 성 키워드를 공략했습니다. 이 키워드에서도 상위노출이 되면서 큰 효과를 보았습니다.

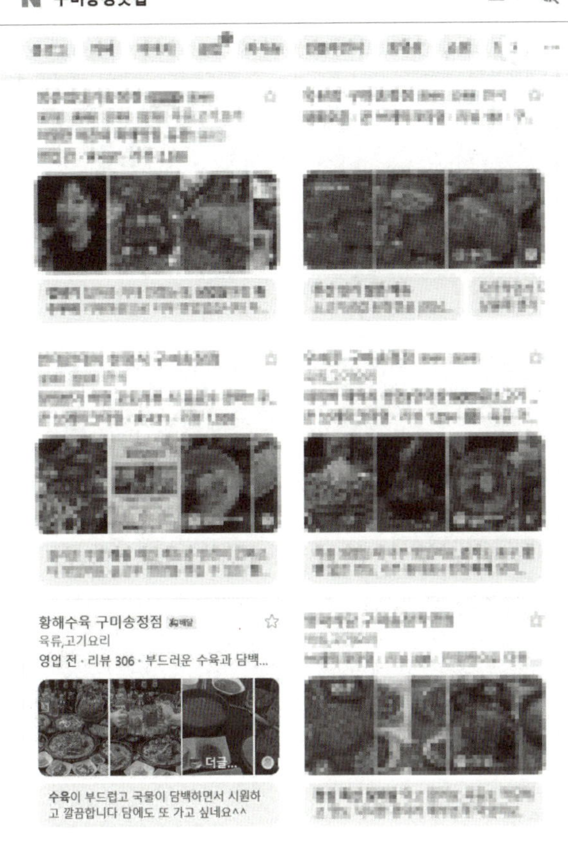

'구미 송정 맛집' 검색 상위노출 캡처 사진

키워드를 '단어'가 아니라 '고객의 질문'으로 보는 순간, 이렇게 숨겨진 기회가 보입니다. 그럼 구체적으로 어디서 찾을까요?

'구미 복개천 맛집' 검색 상위노출 캡처 사진

핵심 원리

1. 키워드 발굴 다섯 가지 방법

키워드는 어디서 찾을까요? 비싼 도구가 필요하지 않습니다.

① **네이버 자동완성**: 검색창에 '동성로 맛집'을 치면 그 아래에

자동완성 키워드가 뜹니다. 거기에는 추천, 내돈내산, 한식, 점심, 양식 등의 키워드가 노출됩니다. 여기에서 키워드를 뽑아낼 수 있습니다.

② **'함께많이찾는'**: '함께많이찾는'도 같은 원리입니다. 동성로 한식 맛집, 동성로 점심 맛집, 동성로 돈까스 맛집, 동성로 가성비 맛집, 교동맛집 등이 뜹니다. 네이버가 고객의 검색 흐름을 전부 알려주고 있습니다.

③ **네이버 광고 키워드 도구**: 무료로 쓸 수 있는 네이버 검색광고의 키워드 도구에서 월간 검색량과 경쟁 강도를 확인합니다.

④ **경쟁 매장 분석**: 경쟁자가 쓰는 키워드를 파악하되, 빠진 키워드를 찾는 게 핵심입니다. 순서대로 따라해 보세요.

1단계: 경쟁 매장 5곳을 고르세요. 내 업종+지역 키워드로 검색했을 때 1페이지 상위에 뜨는 가게 중 나와 규모·업종이 비슷한 곳 3곳을 선택합니다.

2단계: 경쟁 매장의 대표 키워드를 훔쳐보세요. 각 가게의 플레이스 상세 페이지에 들어갑니다. 그다음, 화면에서 오른쪽 마우스를 클릭하고 '프레임 소스 보기'를 선택하세요. 소스 코드 화면이 뜨면 Ctrl+F로 검색창을 열고 'keywordList'를 입력합니다. 그러면 그 가게가 설정해 놓은 대표 키워드 목록이 그대로 보입니다. 플레이스 화면에서는 보이지 않는, 경쟁자가 실제로 노리는 키워드를 확인할 수 있는 방법입니다. 5곳의 대표 키워드를 모두 메모하세요.

3단계: 내가 빠트린 대표키워드를 입력해 보세요. 경쟁 매장에서 찾은 키워드인데 내 대표키워드에 넣지 않았다면 하나씩 넣어봅니다. 검수 통과가 된 후에 실제 네이버에 검색해서 내 가게가 노출되는지 확인해 보세요.

⑤ **고객 리뷰·문의 분석:** 고객이 남긴 리뷰와 톡톡(네이버 톡톡) 문의에서 반복되는 표현을 뽑아보세요. '주차 편해서 좋았어요', '아이 데리고 가기 좋아요', '가성비 좋아요.' 이 표현 하나하나가 다른 고객도 검색하는 키워드입니다.

2. 비밀 키워드 — 경쟁자 0인 틈새를 선점하라

비밀 키워드란, 고객은 이미 검색하고 있지만 경쟁 매장 중 아무도 노리지 않는 키워드를 말합니다.

어떻게 찾을까요? 플레이스 검색 결과의 '함께많이찾는' 키워드 탭을 활용합니다. 여기에는 해당 키워드를 검색한 고객이 함께 검색한 다른 키워드가 나옵니다. 이 목록 안에 경쟁자가 노리지 않는 키워드가 숨어 있습니다. 뒤에서 소개할 하이라인성수카페의 '성수 느좋 카페' 사례가 대표적입니다.

사례

성공 사례 1 — 잠실 미용실

잠실의 한 미용실 원장님은 15세 때부터 미용 일을 시작한 베

테랑이었습니다. 기술력은 충분했지만 디지털 마케팅은 막막했습니다. 처음에는 '잠실 미용실'이라는 큰 키워드 하나만 노렸습니다. 검색량이 많으니 거기서 이기면 되겠지, 하는 생각이었죠.

하지만 결과는 기대에 못 미쳤습니다. 경쟁이 너무 치열했기 때문입니다.

전략을 바꿨습니다. 큰 키워드 하나 대신, 작은 키워드 3개를 동시에 공략하기로 한 겁니다. '송파동 미용실', '잠실역 미용실', '송리단길 미용실.' 지역을 더 구체적으로 쪼개서 각각에 맞는 콘텐츠를 세팅했습니다.

결과는 어떠했을까요? 세 개 키워드 모두 1페이지 상위노출을 달성했고, 지금까지 유지하고 있습니다. 키워드를 세분화하니 검색 유입이 크게 늘었고, 신규 고객이 급속도로 늘면서 매출도 안정적으로 성장 중입니다.

키워드를 고객의 질문으로 쪼개니까, 잡을 수 있는 검색량이 배로 늘어난 겁니다.

이 사례의 핵심은 단순합니다. 하나의 큰 질문에 매달리지 말고, 고객이 던지는 여러 개의 작은 질문에 각각 답하라는 것입니다.

성공 사례 2 — 하이라인성수카페

비밀 키워드의 교과서적 사례가 성수동의 한 카페에서 나왔습니다.

이 사장님은 카페 운영 중 광고 대행사에 사기를 당한 경험도 있습니다. 더 이상 남에게 맡길 수 없다는 절박함으로 전자책을 구해 직접 공부하기 시작했습니다.

그러던 중, 플레이스의 '함께많이찾는' 탭에서 흥미로운 키워드를 발견합니다. '성수 느좋 카페.' 연간 약 1만 명이 넘게 이 키워드로 검색하고 있었지만, 이 키워드를 대표 키워드로 노리는 카페는 거의 없었습니다.

사장님은 즉시 이 키워드를 대표 키워드에 추가했고, 현재 '성수느좋카페' 검색 시 첫 번째로 노출되고 있습니다.

사장님은 이렇게 말합니다. '플레이스가 오픈북 테스트처럼 답이 나와 있더라고요. 함께많이찾는 키워드 탭을 열어보면, 고객이 뭘 원하는지 다 적혀 있어요. 그걸 그냥 안 보고 있었던 거죠.'

비밀 키워드는 멀리 있지 않습니다. 플레이스 안에 이미 답이 나와 있고, 사장님이 직접 찾을 수 있습니다. 추가로, 클릭당 70~100원 수준의 파워링크로 이런 비밀 키워드를 선점하면, 경쟁 없이 잠재 고객에게 가게를 노출할 수 있습니다.

하이라인 성수카페의 노하우가 궁금하다면?

- 네이버에서 내 업종을 검색하세요. 자동완성에 뜨는 키워드와 하단의 '함께많이찾는' 검색어를 모두 메모하세요. 이게 고객이 실제로 묻는 질문입니다.

- 경쟁 매장 5곳의 플레이스를 열어 대표 키워드를 분석하세요. 내가 놓치고 있는 키워드를 발굴할 수 있습니다.

- 내 가게의 리뷰와 문의를 훑어보세요. 고객이 반복해서 쓰는 표현이 있다면, 그게 우리 가게를 찾는 손님이 중요하게 생각하는 키워드입니다. 플레이스의 '함께많이찾는' 탭도 반드시 확인하세요.

**★ AI로 5분 만에 하는 방법은 '부록'의
'AI 프롬프트 가이드 QR코드'를 참고해 주세요.**

📝 **한 줄 정리**

**'사장님의 키워드와 손님의 키워드는 다른 언어다.
답은 고객의 검색창에 있다.'**

사장님, 이제 키워드를 찾고 분류하는 법은 아셨습니다. 다음 장에서는 이렇게 찾은 작은 성들을 복수로 점령한 뒤, 어떻게 큰 성으로 확장해 나가는지 그 실전 로드맵을 알려드리겠습니다.

8장.
작은 성 5개에서
큰 성 1위까지

1. 문제 제기 — 작은 성을 쌓지 않으면 큰 성은 영원히 먼 나라 이야기다

7장에서 사장님은 키워드를 찾고, 작은 성과 큰 성으로 분류하는 법을 배웠습니다. 키워드 맵도 채웠을 겁니다. 그런데 막상 실행하려니 이런 생각이 들지 않으셨나요?

'작은 키워드 몇 개 잡아서 뭐가 달라지겠어?'

달라집니다. 정확히 말하면, 작은 성 키워드를 점령하는 과정에서 쌓이는 노하우가 큰 성 1개를 뚫는 열쇠가 됩니다.

사장님, 플레이스 순위는 계단입니다. 1층을 건너뛰고 10층에 올라 갈수는 없습니다. 하지만 1층부터 차근차근 오르면, 어느 순간 에스컬레이터를 타게 됩니다. 그게 바로 작은 성에서 큰 성으로 가는 복리 효과입니다.

2. 흔한 오해 — 이 세 가지 착각이 사장님을 멈추게 합니다

오해 1: '작은 키워드만 잡으면 큰 키워드는 영영 못 잡는다'

반대입니다. 작은 키워드 여러 개를 점령하면 플레이스 알고리즘이 '이 가게는 활발하고, 관련성이 높다'고 판단합니다. 리뷰가 쌓이고, 저장 수가 늘고, 검색어 매칭도가 올라갑니다. 이 점수는 큰 키워드 순위에도 그대로 반영됩니다. 작은 성은 큰 성의 전초기지입니다.

오해 2: '1위를 한 번 잡으면 영원하다'

순위는 살아 있는 생물입니다. 리뷰 활동이 멈추고, 소식 업데이트가 끊기면 알고리즘은 '이 가게 쉬나?'라고 판단합니다. 1위를 만드는 것보다 유지하는 것이 더 중요합니다. 순위 유지에는 루틴이 필요합니다.

3. 핵심 원리 — 복리 효과와 큰 성 키워드 도전 타이밍

복리 효과: 작은 성이 큰 성을 무너뜨리는 구조

플레이스 알고리즘이 보는 것은 결국 해당 키워드에 얼마나 유사한 정보가 플레이스에 있는지, 실제 검색했을 때 사람들이 많이 클릭하고 방문하는지, 최신 자료와 정보가 충실히 적혀있고, 고객의 구체적이고 생생한 리뷰가 남겨있는지를 봅니다.

작은 성 키워드에서 유입된 고객이 리뷰를 남기고, 좋은 품질의 리뷰가 많이 쌓이면 더 높은 점수를 받고, 노출이 잘 되면서 더 많은 클릭을 불러일으키고 실제 고객행동 데이터도 많이 쌓게 됩니다. 이렇게 데이터가 반영되면 더 큰 성 키워드에서도 순위가 상승합니다. 은행 이자가 원금에 붙고, 그 이자에 또 이자가 붙는 것과 같습니다. 이것이 플레이스의 복리 효과입니다. 여기에서 무엇이 가장 중요하냐고 묻는다면 단연코 리뷰입니다.

리뷰 부스터 전략 ― 리뷰를 폭발시키는 세 가지 방법

첫째, 영수증 리뷰 이벤트(뽑기). 고객이 리뷰를 작성하면 뽑기에 참여할 수 있게 합니다. 핵심은 당첨자를 넉넉하게 설정하는 것입니다. 1등 3명, 2등 5명, 3등 10~15명. '나도 될 수 있겠다'는 심리가 참여율을 끌어올립니다.

둘째, 블로그 체험단. 20명 규모로 동시에 집행합니다. 블로그 콘텐츠가 쌓이면서 플레이스 유입도 동시에 증가합니다. 체험단에게는 핵심 키워드를 반드시 요청하세요.

셋째, 내돈내산 리뷰 유도. 실제 고객에게 블로그 리뷰를 받습니다. 체험단보다 진정성이 높고, 비용도 적습니다.

1위를 찍고 멈추면 일어나는 일

한 가지 경고를 드려야 합니다. 순위는 올라가는 것보다 떨어지는 게 훨씬 빠릅니다.

방송을 탄 가게를 떠올려 보세요. 방송 직후 매출이 폭발하지만, 2~3개월 지나면 방송 전 수준으로 돌아가는 경우가 대부분입니다. 플레이스 순위도 마찬가지입니다. 1위를 만든 뒤 '됐다' 싶어서 리뷰 답글을 멈추고, 소식 업데이트를 끊고, 사진도 그대로 두면 알고리즘은 '이 가게 활동이 없다'고 판단합니다. 경쟁 매장이 리뷰를 쌓고 소식을 올리는 동안 사장님의 플레이스가 가만히 있으면, 점수 차이가 벌어지고 순위가 밀립니다. 올라가는 데 2개월 걸렸던 순위가 떨어지는 데는 2주면 충분합니다.

그래서 1위를 만드는 전략과 1위를 지키는 루틴은 별개입니다. 아래 루틴을 캘린더에 넣어두세요.

순위 유지 관리 루틴

1위를 만들었다면, 이제 지키는 루틴이 필요합니다.

월 1회: 소식 업데이트 (신메뉴, 계절 메뉴, 이벤트)

24시간 이내: 리뷰 답글 작성

주 1회: 키워드 순위 점검 (밀리는 키워드가 있는지 확인)

분기 1회: 대표 사진 교체 (계절감 반영)

4. 사례 증명 — 79위에서 1위, 그리고 지역을 넘은 확장

메인 사례 — 레발콩카페: 이수역 카페 79위에서 1위까지

레발콩카페 사장님은 처음에 방배, 사당, 이수역 등 여러 지역 키워드를 욕심냈습니다. 결과는 어디서도 눈에 띄지 않는 79위. 컨설팅 후 가장 먼저 한 것은 키워드 욕심을 버리는 것이었습니다.

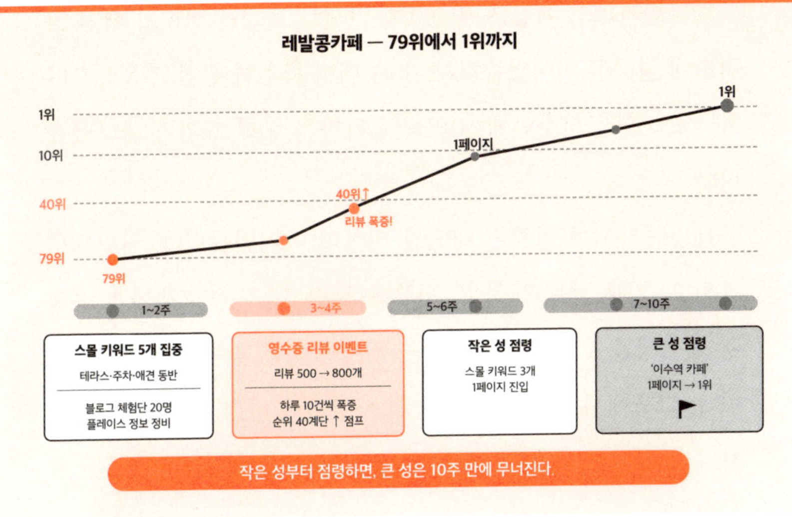

1~2주 차: '이수역 테라스 카페', '이수역 주차 카페', '이수역 애견 동반 카페' 등 스몰키워드 5개에 집중. 동시에 블로그 체험단 20명 모집. 플레이스 소개글, 영업시간, 메뉴 정보를 빠짐없이 수정.

3~4주 차: 영수증 리뷰 이벤트(뽑기) 시작. 리뷰가 500개에서 800개로 폭증. 분할 결제 후 분할 영수증 작성도 허용하니, 하루에 리뷰가 10개씩 쌓이는 날도 있었습니다. 다른 활동으로는 순위가 10위 오르다 다시 떨어졌지만, 리뷰 이벤트 시작 직후 순위가 40계단씩 뛰었습니다.

5~6주 차: 작은 성 키워드 3개 1페이지 진입.

7~8주 차: '이수역 카페' 큰 성 키워드 1페이지 진입.

9~10주 차: 큰 성 키워드 1위 달성.

레발콩카페의 핵심은 불필요한 키워드 욕심을 버리고 핵심 키워드에 집중한 것이었습니다. 작은 데서 확실하게 잡고 올라가니까, 어느 순간 하룻밤에 40위씩 올라가는 복리 효과가 나타났습니다.

레발콩카페의 성공은 대단한 비법이 아니었습니다. 키워드를 좁히고, 기본 세팅을 하고, 리뷰를 늘리고, 기존 고객에게 마케팅 메시지를 보낸 것. 비용이 들지 않는 기본 활동의 반복이었습니다. 그중에서도 가장 중요한 건 사장님이 바쁜 와중에도 2주에 하나씩 컨설팅 내용을 실행한 것, 그게 79위에서 1위를 만든 힘이었습니다.

레발콩카페 사당이수본점의 성공 노하우가 궁금하다면?

보조 사례 1 — 아름포미: 인천에서 부천으로, 작은 성 노하우는 복제된다

인천에서 퍼스널컬러 진단샵을 운영하던 아름포미 사장님은 전자책의 체크리스트를 보고 플레이스를 하나하나 수정했습니다. 완벽하다고 생각했던 플레이스에서 바꿔야 할 부분이 수십 가지나 나왔습니다. 두 달 뒤, '인천 퍼스널컬러' 1위.

여기서 멈추지 않았습니다. 인천에서 쌓은 노하우를 그대로 부천 2호점에 복제했습니다. '부천 퍼스널컬러'는 물론, '부천 실

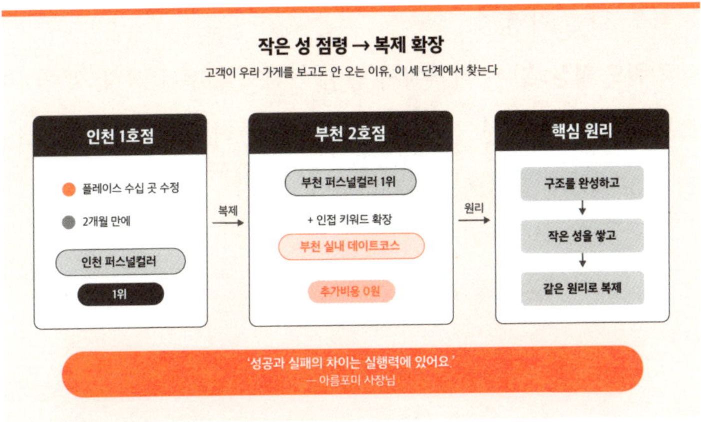

내 데이트코스'라는 인접 키워드까지 확장. 추가 비용 0원. 체크리스트 6종을 실행하고, 실제 고객에게 내돈내산 리뷰를 유도했습니다. 결과는 인천과 부천 동시 1위. 그리고, 지금은 3호점까지 냈습니다.

사장님은 이렇게 말했습니다. '성공과 실패의 차이는 실행력에 있어요. 듣고 끝내거나, 우리 업종은 다르다고 생각하면 아무것도 안 바뀝니다. 한 페이지 한 페이지 직접 해봐야 합니다.'

아름포미의 사례는 중요한 것을 증명합니다. 작은 성을 점령하는 노하우는 복제할 수 있다는 것. 지역을 바꿔도, 키워드를 바꿔도, 원리를 아는 사장님은 같은 결과를 만들어낼 수 있습니다.

확장 전략 두 가지

큰 성을 점령한 뒤에는 두 가지 방향으로 확장할 수 있습니다.

지역 확장: 아름포미처럼 인천에서 부천으로. 같은 업종, 같은

노하우, 다른 지역.

키워드 확장: 같은 지역에서 인접 키워드를 추가 점령. '부천 퍼스널컬러'에서 '부천 실내 데이트코스'로. 퍼스널컬러를 모르는 잠재 고객까지 끌어오는 전략입니다.

- 6장에서 선정한 작은 성 키워드 5개를 검색해 보세요. 몇 개가 1페이지에 올라가 있나요? 아직이라면 소식·리뷰 작성으로 활동량을 먼저 채우세요.

- 현재 리뷰 수를 확인하세요. 100개 미만이라면 큰 성 키워드 도전은 아직 이릅니다. 리뷰를 먼저 쌓으세요.

- 주간 관리 루틴을 캘린더에 넣으세요. 소식 발행 + 리뷰 답글 + 키워드 순위 점검. 이 루틴이 순위를 유지하는 힘입니다.

- 다음 목표를 정하세요. 인접 지역으로 확장할지, 새로운 키워드를 추가할지. 작은 성을 쌓은 노하우를 다음 성에 그대로 적용하세요.

전부 체크되었다면, 사장님은 이미 큰 성을 공략할 준비가 된 겁니다.

**'작은 성 5개의 노하우가 큰 성 1개의 열쇠다.
79위에서 1위는 순서를 아는 사장님만 가능하다.'**

7장에서 키워드를 찾고 분류하는 법을 배웠고, 이번 장에서 작은 성을 점령해 큰 성까지 확장하는 실전 전략을 익혔습니다. PART 3은 여기서 마무리됩니다. 다음 장부터는 PART 4가 시작됩니다. 검색에 보이기 시작했다면, 이제 고객이 클릭했을 때 보이는 화면을 설계해야 합니다. 노출에서 전환으로, 다음 단계로 넘어갑니다.

Part 4

전환 구조의 설계

9장.
신규 고객을
불러 모으는 대표 사진

PART 3에서 노출의 길을 뚫었습니다. 이제 PART 4에서는 그 길을 따라 들어온 고객이 **실제로 방문하게 만드는 전환 구조**를 세팅합니다. 플레이스라는 브랜드 홈페이지의 핵심, 사진, 메인 화면, 예약, 전환율을 하나씩 완성해 나갑니다. 사장님, 여기까지 오신 것만으로도 이미 대부분의 사장님보다 앞서 있습니다.

문제 상황

사장님, 검색 결과에서 내 가게가 분명히 보이는데 아무도 안 들어오는 경험, 해보셨나요?

키워드를 잡고 노출을 만들었습니다. 검색하면 내 가게가 나옵니다. 그런데 클릭이 안 됩니다. 상위노출도 되어 있고, 검색량은 올라가는데 유입수는 제자리입니다. 왜 그럴까요?

답은 단순합니다. 고객이 검색 결과를 스크롤할 때, 각 가게에 시선을 주는 시간은 고작 1초입니다. 그 1초 안에 '여기 들어가 볼까?'라는 생각이 들지 않으면, 고객의 엄지는 그냥 지나갑니다. 그리고 그 1초를 결정하는 건 대표 사진 한 장입니다.

지금부터 우리는 고객의 입장으로 돌아갑니다. 사장님도 다른 사장님께는 고객이니까요. 검색 결과 화면을 떠올려 보세요. 10 개 가게가 나란히 나옵니다. 고객은 가게 이름을 하나하나 읽지 않습니다. 사진을 훑습니다. 그중에서 '어, 맛있겠다' 또는 '여기 분위기 좋아 보인다'라고 느끼게 만드는 가게만 클릭합니다. 나 머지는 존재하지 않는 것과 같습니다.

사장님이 아무리 맛을 잘 내고, 시술을 잘하고, 서비스가 좋아 도 대표 사진이 어두운 매장 외관이거나, 흐릿한 로고 이미지라 면 고객은 그 안쪽을 절대 보지 못합니다. 노출은 되었지만 전환 의 첫 관문에서 떨어지는 겁니다.

흔한 오해

'우리 가게 사진은 예쁘게 찍었는데요?'

사장님, '예쁜 사진'과 '클릭을 부르는 사진'은 다릅니다. 많은 분들이 이 둘을 같은 것으로 생각하시는데, 실제로 가장 흔한 실 수 세 가지가 있습니다.

첫째, 로고 사진을 대표 사진으로 쓰는 것. 고객은 가게 이름을 모릅니다. 로고를 보고 '여기 가고 싶다'고 느끼는 사람은 없습니다.

둘째, 매장 외관이나 간판 사진을 쓰는 것. 'ㅇㅇ 맛집'을 검색한 고객에게 간판 사진은 아무 정보도 주지 않습니다. 고객이 보고 싶은 건 '이 가게에서 뭘 먹을 수 있는지', '어떤 시술을 받을 수 있는지'입니다.

셋째, 한 번 설정하고 1년 내내 그대로 두는 것. 대표 사진은 살아 있는 간판입니다. 카페라면 여름엔 빙수, 겨울엔 따뜻한 라떼 사진이어야 합니다. 네일숍이라면 이달의 아트를 반영해야 합니다.

대표 사진은 고객 방문 설계 6단계에서 C(Compare) 단계의 핵심 무기입니다. 고객이 검색 결과에서 여러 가게를 비교할 때, 1초 만에 '탈락 후보'를 걸러내는 시각적 필터링 과정, 그 필터를 통과하느냐 마느냐를 결정하는 게 대표 사진입니다.

클릭을 부르는 대표 사진에는 공식이 있습니다. 저는 이걸 '대표 사진 3요소 공식'이라고 부릅니다.

1. 주제 명확성 — '뭐 하는 곳인지 1초에 알겠는가?'

우리 가게의 거점 키워드가 ㅇㅇ생선구이이라면 잘 차려진 생선구이 상차림이 보여야 합니다. ㅇㅇ키즈풀빌라라면 아이와 엄마가 함께 수영장에서 행복하게 놀고 있는 사진이 보여야 합니다. ㅇㅇ수제버거라면 수제버거를 들고 크게 한 입 베어 먹는 사진이 보여야 합니다. 즉, 페르소나 고객의 검색 질문에 사진이 답을 줘야 합니다.

2. 품질감 — '신뢰가 느껴지는가?'

밝고, 선명하고, 깨끗한 사진. 어두운 사진은 그 자체로 불신을 만듭니다. 전문 장비가 아니어도 됩니다. 스마트폰으로도 충분합니다. 핵심은 자연광과 정리된 배경입니다.

3. 차별화 — '옆 가게 사진과 다른가?'

'우리 거점키워드는 전부 비슷한 사진을 올려놨어요.' 실제로 사장님이 이럴 때 어떻게 해야 하나고 물어보셨습니다. 이런 경우에는 결국 차별화가 가장 중요합니다. 같은 키워드로 검색되는 경쟁 매장 5곳의 대표 사진을 나란히 놓고 보세요. 내 사진이 그 안에서 눈에 띄어야 합니다. 다 비슷한 음식 사진이라면, 클로즈업 각도를 바꾸거나 텍스트 오버레이를 추가해서 시선을 잡거나 사람을 등장시킬 수 있습니다.

업종별로 전략이 다릅니다. 음식점이라면 대표 메뉴의 클로즈업(스마트폰 카메라는 2~3배 줌이 가장 맛있게 나옵니다) 이 정답입니다. 김이 모락모락 피어오르는 장면, 젓가락으로 집어 올리는 순간. 이런 '먹고 싶게 만드는' 사진이 클릭률을 만듭니다. 뷰티숍이라면 시술 Before-After를 한 프레임에 담는 것이 가장 강력합니다. 좌우 분할로 변화를 직관적으로 보여주세요. 기타 업종(필라테스, 펜션, 학원 등)은 사진만으로 차별화가 어려울 수 있습니다. 이때는 텍스트 오버레이가 효과적입니다. '키즈 필라테스 전문', '365일 온수 풀빌라'처럼 핵심 키워드를 사진 위에 깔끔하게 얹으세요.

그리고 이 모든 사진은 스마트폰으로 충분히 찍을 수 있습니다. 스마트폰 촬영 5팁을 정리합니다.

① **자연광을 찾으세요.** 창가가 최고의 조명입니다. 형광등 아래에서 찍은 사진은 대부분 어둡고 누렇게 나옵니다.

② **45도 각도를 기본으로 잡으세요.** 위에서 내려다보는 탑뷰보다 45도 사선이 입체감을 줍니다.

③ **배경을 정리하세요.** 불필요한 물건, 다른 테이블, 쓰레기통이 보이면 신뢰가 깨집니다.

④ **격자 구도를 켜세요.** 스마트폰 카메라 설정에서 격자선을 활성화하면 구도가 안정됩니다.

⑤ **미리캔버스나 망고보드, 캔바로 보정하세요.** 밝기만 살짝 올려도 사진이 확 살아납니다. 무료 앱으로 전문가 수준의 편집이 가능합니다.

마지막으로, 대표 사진은 한 번 설정하면 끝이 아닙니다. 4주 간격으로 사진을 바꿔가며 A/B 테스트를 해보세요. 어떤 사진이 클릭률을 더 높이는지 플레이스 통계에서 확인할 수 있습니다. 계절이 바뀔 때, 신메뉴가 나올 때, 이벤트를 시작할 때, 대표 사진도 함께 바꿔야 합니다.

성공 사례 1 — 시골밴댕이횟집 인천구월점

인천 구월동에서 30년째 밴댕이 전문점을 하시는 사장님 이야기입니다.

28년 전 조선일보에 소금구이 전문점으로 소개될 만큼 실력이 있는 가게였습니다. 방송에도 여러 번 나왔고, 한때 월매출 7천만 원까지 올랐습니다. 하지만 방송은 불꽃놀이와 같았습니다. 화려하게 터지고, 2~3개월 뒤엔 다시 4천만 원대로 떨어졌습니다. 같은 일이 반복됐습니다. 맛은 변하지 않았는데 매출은 올라갔다 내려갔다를 반복하는 거죠. 그런데 플레이스 대표 사진은 어두운 매장 외관 사진 한 장이었습니다. 30년 맛집이라는 걸, 고객은 클릭하기 전에 알 수가 없었습니다.

변화의 시작은 딸이었습니다. 부모님 가게를 도우려고 네이버에 '구월동 횟집'을 검색해 본 딸이 플레이스를 보고 충격을 받았습니다. '아버지, 이 사진으로는 아무도 안 들어와요. 30년 맛집인데, 처음 보는 사람은 절대 모릅니다.'

딸은 가장 먼저 사진을 전문가에게 의뢰했습니다. 어두운 매장 외관 대신, 밝고 선명하게 촬영된 음식 사진이 대표 사진이 되

'구월동횟집' 검색 상위노출 캡처 사진

었습니다.

결과는 놀라웠습니다. 이후 쿠폰 적용, 키워드 최적화, 네이버 예약 세팅까지 진행하면서 월 매출이 2배 이상으로 올랐습니다. 비수기인 8월에도 매출이 떨어지지 않았습니다. 방송은 2~3개월

시골밴댕이 가게 전경

시골밴댕이 대기현황판

시골밴댕이 내부 사진

이면 효과가 사라졌지만, 플레이스는 계속 고객을 데려오고 있는 겁니다.

　이 가게가 특별했던 건 아닙니다. 30년간 같은 맛으로 장사하던 곳이었습니다. 달라진 건 고객이 보는 첫인상이었습니다. 사진을 바꾸고, 구조를 세팅하니 매출이 2배로 뛰었습니다.

시골밴댕이의 자세한 이야기가 궁금하다면?

성공 사례 2 — 닭가대표 숯불직화구이치킨 강남역삼대표점

대표 사진만큼 중요한 게 블로그에 올라가는 매장 사진입니다. 역삼역의 숯불 치킨 전문점 '닭가대표' 사장님은 블로거 방문을 한가한 오후가 아니라 피크타임에 배치합니다. 저녁 7시, 손님으로 꽉 찬 매장. 활기 있는 분위기, 즐겁게 식사하는 사람들. 이 장면이 블로그 사진에 그대로 담깁니다.

한가한 시간대에 블로거를 부르면 어떻게 될까요? 텅 빈 매장에서 혼자 먹는 사진이 올라갑니다. 아무리 음식이 맛있어도, 빈 매장 사진은 '여기 손님이 없나?'라는 의심을 줍니다.

이 사장님은 블로거를 특별 대우하지도 않습니다. 일반 고객과 똑같이 대합니다. 특별 대우를 하면 과장된 후기가 나오고, 실제 방문 고객이 기대와 다르다고 느낍니다. 자연스러운 경험에서 나온 자연스러운 후기. 이게 다음 고객의 신뢰를 만듭니다.

사진은 찍는 기술만이 아니라, 찍히는 환경을 설계하는 것입니다.

성공 사례 3 — 속눈썹 전문점 Before-After

뷰티숍은 음식점과 전략이 다릅니다. 고객이 보고 싶은 건 '시술 결과'입니다.

한 속눈썹 전문점은 대표 사진을 시술 전후 비교 사진으로 바꿨습니다. 좌측에 맨눈 사진, 우측에 속눈썹 연장 시술 후 사진을 한 프레임에 담았습니다. 동일한 각도, 동일한 조명으로 촬영해서 변화가 한눈에 보이도록 구성했습니다.

핵심은 시술 효과의 직관적 전달이었습니다. 글로 아무리 '자연스러운 속눈썹 연장'이라고 써놔도, 고객은 직접 보기 전에는 믿지 않습니다. 하지만 Before-After 한 장이면 1초 만에 '여기 잘하네'라는 판단이 끝납니다.

뷰티숍 사장님이라면 기억하세요. Before-After 촬영 시 동일한 조명과 각도를 유지하는 것이 핵심입니다. 조명이 달라지면 시술 효과가 아니라 조명 차이로 보입니다. 창가 자연광 아래에서, 같은 거리와 각도로 전후를 찍으세요.

- 내 플레이스 대표 사진을 열어보세요. '무엇을 파는 곳인지' 1초 안에 알 수 있나요? 주변 3명에게 보여주고 확인하세요.

- 스마트폰으로 대표 사진 후보를 **최소 5장** 촬영하세요. 단, 사장님과 같은 업종 (지역은 달라도 됩니다) 중 잘 찍은 사진을 벤치마킹하세요.

- 같은 키워드로 검색되는 경쟁 매장 5곳의 대표 사진을 캡처하세요. 내 사진을 그 옆에 놓고 **시각적 차별화 포인트**를 잡으세요.

- 대표 사진을 교체하고, **2주 후 클릭률 변화를 측정할 날짜**를 캘린더에 표시하세요. 플레이스 통계에서 노출수 대비 조회수를 비교하면 됩니다.

음식점이라면: 대표 메뉴 클로즈업. 김이 나거나, 들어 올리는 순간을 포착하세요.

뷰티숍이라면: 시술 Before-After를 한 프레임에. 동일 조명·동일 각도 필수입니다.

기타 업종이라면: 사진 위에 핵심 키워드 텍스트를 올리세요. 미리캔버스 무료 버전이면 충분합니다.

★ AI로 5분 만에 하는 방법은 '부록'의
'AI 프롬프트 가이드 QR코드'를 참고해 주세요.

사장님, 여기서 한 가지만 더 말씀드리겠습니다. 대표 사진은 기술의 문제가 아닙니다. 정성의 문제입니다. 대충 찍어서 올린 사진은 고객에게 '이 가게는 대충 합니다'라고 말하는 것이고, 정성껏 찍어서 올린 사진은 '이 가게는 신경 씁니다'라고 말하는 겁니다. 사장님의 정성을 혼자만 알고 있으면 소용없습니다. 그 정성을 고객에게 전달하는 모든 과정이 마케팅입니다. 그리고, 그 정성을 사진이나 영상에 담는 것이 콘텐츠 마케팅입니다. 사업은 거울입니다. 사장님이 가게를 대하는 태도가 사진 한 장에 그대로 비칩니다. 고객은 그걸 1초 만에 읽어냅니다.

📝 한 줄 정리

'고객은 1초 만에 클릭을 결정한다.
그 1초를 지배하는 건 대표 사진 한 장이다.'

사장님, 내표 사신으로 클릭을 이끌어냈다면 이제 다음 관문입니다. 고객이 클릭한 뒤 처음 마주하는 플레이스 메인 화면. 여기서 10초 안에 '더 보자'를 만들지 못하면 뒤로 가기를 누릅니다. 10장에서 그 10초를 설계합니다.

10장.
10초 안에 이탈을 막는
플레이스 메인 화면 설계

문제 상황

사장님, 9장에서 대표 사진을 바꿨더니 클릭이 늘었다고요? 축하합니다. 한 단계를 끝낸 겁니다. 하지만 여기서 끝이 아닙니다. 이번 장은 15분이면 세팅할 수 있습니다.

클릭한 고객이 플레이스 상세 페이지에 들어왔습니다. 이제 이 고객이 할 일은 두 가지 중 하나입니다. 더 살펴보거나, 뒤로 가기를 누르거나. 그리고 이 판단은 10초 안에 끝납니다.

이건 TV 채널을 돌리는 것과 같습니다. 화면이 나오자마자 재미없으면 바로 다음 채널로 넘기잖아요. 고객도 마찬가지입니다. 플레이스에 들어왔는데 첫 화면에 볼 게 없으면, 뒤로가기를 누르고 다음 가게로 넘어갑니다. 아까 힘들게 만든 클릭이 허공으로 사라지는 겁니다.

실제로 많은 가게의 플레이스를 들여다보면, 첫 화면이 텅 비어 있습니다. 영상이 없고, 쿠폰이 없고, 소식이 없습니다. 소개 글은 '안녕하세요. ○○에 찾아주셔서 감사합니다.' 이 문장 하나로 끝입니다. 고객은 이 가게의 자세한 정보를 알고 싶은데 말이죠.

고객 방문 설계 6단계에서 이 순간이 바로 V(Verify) 단계입니다. 고객이 '여기 괜찮겠다'라는 확신을 갖는 과정입니다. C(Compare)에서 클릭으로 들어온 고객을 V(Verify)에서 잡지 못하면, 아무리 노출을 잘 만들고 대표 사진을 잘 찍어도 예약이나 방문으로 이어지지 않습니다.

흔한 오해

'정보를 다 넣으면 되는 거 아닌가요?'

아닙니다. 정보의 양이 아니라 정보의 순서와 강약이 핵심입니다.

사장님, 고객은 플레이스를 위에서 아래로 스크롤합니다. 첫 화면에서 80%의 판단이 끝납니다. 소개글 첫 줄, 대표 사진 바로 아래 영상, 쿠폰. 이 세 가지가 첫 화면에 잡히지 않으면 고객은 아래로 내려가지 않습니다. 메뉴를 아무리 잘 정리해 놔도, 리뷰가 100개여도, 고객이 그 아래까지 스크롤하지 않으면 소용이 없습니다.

정보를 '다 넣는' 게 중요한 게 아니라, '무엇을 먼저 보여줄 것인가'를 설계하는 것이 핵심입니다.

플레이스 메인 화면은 온라인 매장의 인테리어입니다. 오프라인에서 가게 문을 열고 들어왔을 때 첫눈에 보이는 것, 그게 온라인에서는 메인 화면입니다. 이 화면에서 고객이 '여기 괜찮겠다'는 확신을 갖게 만들어야 합니다.

메인 화면을 구성하는 핵심 요소는 다섯 가지입니다. 하나씩 짚어드리겠습니다.

1. 영상 — 고객의 발을 멈추게 하는 첫 번째 장치

플레이스에 들어오면 가장 먼저 보이는 게 영상이 되어야 합니다. 신규고객이 플레이스를 찾는 궁극적인 이유는 뭘까요? 바로 간접 체험입니다. 내가 이 가게를 방문한다면 어떤 경험을 할 수 있을지에 대해 궁금해합니다. 간접 체험을 보여줄 수 있는 가장 확실한 수단은 영상입니다. 그래서, 영상에는 고객의 입장에서 찍어야 합니다. 이건 홍보 영상이 아닙니다.

영상의 핵심 규칙은 간단합니다.

길이는 10~30초. 길다고 좋은건 아닙니다. 너무 짧으면 전달이 안 됩니다.

'공지로 등록하기'를 반드시 체크하세요. 소식에서 영상을 올릴 때 '공지로 등록하시겠어요' 체크를 안 하면 메인에 안 뜹니다.

30일마다 갱신하세요. 체크하면 최대 30일간 노출됩니다. 한 달에 한 번은 새로 올리거나 기존 영상을 재업로드해야 합니다.

네이버 클립을 활용하세요. 클립은 네이버판 릴스입니다. 클립에 플레이스 링크를 걸 수 있어서 신규 고객 유입, 언급량 증가, 리뷰 역할, 체류시간 증대까지, **1석 4조** 효과를 냅니다. 블로그 체험단 모집 시에 클립까지 함께 촬영해서 그걸 플레이스에 업로드 하는 것이 가장 효율적입니다.

2. 쿠폰 — 이탈 직전의 고객을 붙잡는 미끼

플레이스 쿠폰은 첫 화면에서 가장 눈에 잘 띄는 위치에 있습니다. 고객이 '좀 더 볼까, 나갈까' 망설이는 그 찰나에 쿠폰이 눈에 들어오면, '일단 받아두자'라는 행동이 생깁니다. 이 작은 행동 하나가 이탈을 막습니다.

쿠폰 설계의 세 가지 원칙이 있습니다.

첫째, '100% 공짜'라는 단어를 넣으세요. 매출 5만 원 기준으로 '10% 할인'보다 원가 5천 원 메뉴를 '100% 공짜'로 제공하는 것이 고객 입장에서 가치가 더 크게 느껴집니다. 비용은 동일한데 말이죠.

만약, 레스토랑이라면 10% 할인은 매출 5만 원 기준으로 5천 원의 혜택이지만, 리코타 치즈 샐러드(소비자가 12,000원/ 원가 5,000

원)를 서비스로 받으면 12,000원의 혜택을 받는게 됩니다.

둘째, 페르소나 고객에게 맞추세요. 여드름 관리 전문 매장이면 '트러블 홈케어 팩 100% 공짜 쿠폰', 브런치 카페면 '시그니처 디저트 100% 공짜 쿠폰', 펜션이라면 '폴라로이드 카메라 10장 공짜 쿠폰'을 제공해야 합니다. 여행을 가는 이유는 추억을 만드는것이니 1만 원 할인보다 추억을 만들게 도와주는 폴라로이드 10장이 더 가치가 있습니다.

셋째, '알림받기 고객 전용'으로 설정하세요. 이렇게 하면 쿠폰을 다운받는 순간 자동으로 알림받기가 설정됩니다. 단순한 쿠폰이 잠재 단골 확보 장치가 되는 겁니다. 추가로, 저장하기와 리뷰 쓰기까지 조건을 추가한 후 매력적인 서비스를 제공하면 됩니다. 광고대행사에서 판매하는 가짜 저장하기+가짜 영수증 리뷰 하나의 가격이 5천 원이라는 사실을 잊지마세요. 가짜를 그 돈주고 사지말고, 진짜를 쌓는데 투자하세요.

3. 소식 ― 살아 있는 가게라는 신호

소식은 플레이스에서 가장 저평가되어 있는 공간입니다. 대부분의 사장님이 소식을 신경쓰지 않습니다. 소식 자체를 쓰지 않거나 휴무일 안내만 올려놓습니다. 반대로, 다른 가게에서 쓰지 않는 소식을 잘 활용하면 신규고객의 발길을 우리 가게로 돌릴

수 있습니다. 소식을 비유하자면 내 가게 앞에 있는 광고판이라고 보면 됩니다. 사장님 가게 앞에 큰 광고판을 설치했는데 거기에 아무것도 안 쓰실 건가요? 아니면, 휴무일이 언제인지 올리실 건가요? 아마도, 그런 사장님은 한 분도 안 계실 겁니다. 점심 특선 메뉴나, 우리 가게의 시그니처 메뉴, 시술고객의 비포&애프터 사진, 할인 이벤트를 올리시겠죠.

그렇다면, 가게 앞 광고판은 왜 설치하나요? 지나가는 고객이 이걸 보고 우리 가게에 방문하게 만들기 위한 것입니다. 그런데, 한 가지 생각해 보죠. 요즘 발품 팔면서 좋은 가게 찾아다니는 고객은 얼마나 되나요? 대부분의 고객은 손품을 팝니다. 점심 먹고 나서 근처 카페에 가려고 한다면 그 자리에서 네이버에 '근처 카페' 검색하고 나서, 지도를 들어가서 하나씩 클릭해 봅니다. 그리고, 그 중에 마음에 드는 곳이 있으면 길찾기를 누른 다음 도보로 이동합니다.

지도에서 고객이 플레이스를 클릭했을 때 보이는 소식이 왜 가게 앞 광고판 역할을 한다는 것인지 이해가 되시나요?

소식은 다섯 가지로 활용할 수 있습니다.

신메뉴·신규 서비스 알림 — '이번 달 새로 나온 봄 시즌 메뉴'
체크리스트형 정보 — '처음 오시는 분을 위한 세 가지 안내'
고객 리뷰 하이라이트 — '우리 가게를 찾는 대표적인 고객의

베스트 리뷰'

브랜드 스토리 — '3대째 이 재료를 고집하는 이유'

차별화 포인트 강조 — '타 매장과 다른 세 가지'

4. 상세 설명 — 검증의 마지막 관문

고객이 영상을 보고, 쿠폰을 보고, 소식까지 봤다면 이제 상세 설명으로 내려갑니다. 여기서 최종 판단이 내려집니다. 상세 설명은 5단계 공식으로 쓰세요.

문제 공감 — '혹시 이런 고민 있으셨나요?'

심각성 환기 — '이 고민을 방치하면 이런 결과가….'

해결책 제시 — '저희는 이렇게 해결합니다'

증명 — '실제로 고객분들의 반응은….'

방문 유도 — '지금 예약하시면 OO 혜택을 드립니다'

5. 리뷰 — 페르소나 고객이 쓴 리뷰가 다음 고객을 데려온다

리뷰는 사장님이 직접 쓸 수 없습니다. 하지만 어떤 리뷰가 쌓이느냐는 설계할 수 있습니다. 핵심은, 우리 가게의 페르소나 고객이 남긴 리뷰가 같은 고민을 가진 다음 고객을 데려온다는 겁니다.

예를 들어보겠습니다. 여드름 관리 전문 매장이라면 '피부과만 다니다가 여기 왔는데 한 달 만에 진정됐어요'라는 리뷰가 핵심입니다. 아이 동반 가능한 음식점이라면 '유아 의자 있고, 아이 메뉴도 따로 있어서 편하게 먹었어요'라는 리뷰가 핵심입니다. 이런 리뷰 하나가 '맛있어요', '친절해요' 같은 일반 리뷰 10개보다 강합니다. 같은 고민을 가진 고객이 이 리뷰를 읽는 순간 '여기 내가 찾던 곳이다'라는 확신이 생기기 때문입니다.

그렇다면 페르소나 고객의 리뷰는 어떻게 만들까요?

첫째, 리뷰 요청 타이밍을 잡으세요. 시술이 끝난 직후, 식사를 마친 직후 만족도가 가장 높은 순간에 '오늘 만족하셨다면 리뷰 한 줄만 부탁드려요'라고 요청합니다. 이때 영수증 리뷰를 안내하면 자연스럽습니다.

둘째, 리뷰 가이드를 만드세요. '리뷰 하나 적어주세요'라고 하면 고객은 어떤 내용을 적어야 될지 모릅니다. 고객이 구체적으로 쓸 수 있게 리뷰가이드를 함께 제공해 주세요. 리뷰가이드에는 네 가지가 반드시 들어가야 되는데요.

'오늘 어떤 목적으로 오셨어요?'
'누구랑 오셨나요(혼자/연인/아이/부모님)?'
'어떤 메뉴/서비스를 선택하셨고 뭐가 좋았나요?'
'주차/좌석/동선은 어땠고, 다음 분께 어떤 팁을 주고 싶은가요?'

이 내용을 참고해서 작성해달라고 하면 고품질의 리뷰가 자연스럽게 쌓이게 되고, 이 리뷰가 다른 신규고객을 불러옵니다.

셋째, 사장님 댓글로 홍보하세요. 리뷰에 답글을 달 때 '저희 매장은 민감성 피부 전문이라 OO 고객님처럼 트러블 고민이 있으신 분들이 많이 찾아주십니다'처럼 신규고객에게 어필하는 내용을 자연스럽게 넣으세요. 이 댓글은 다음 고객이 리뷰를 읽을 때 함께 보이기 때문에, 검증 효과가 배로 커집니다.

용산에서 카페를 운영하는 한 사장님은 국가대표 출신 바리스타였습니다. 커피에 대한 이력과 철학이 남다른 분이었습니다. 그런데 플레이스에는 그 강점이 전혀 보이지 않았습니다. 메뉴와 사진만 있을 뿐, 이 카페만의 이야기가 빠져 있었습니다. 고객은

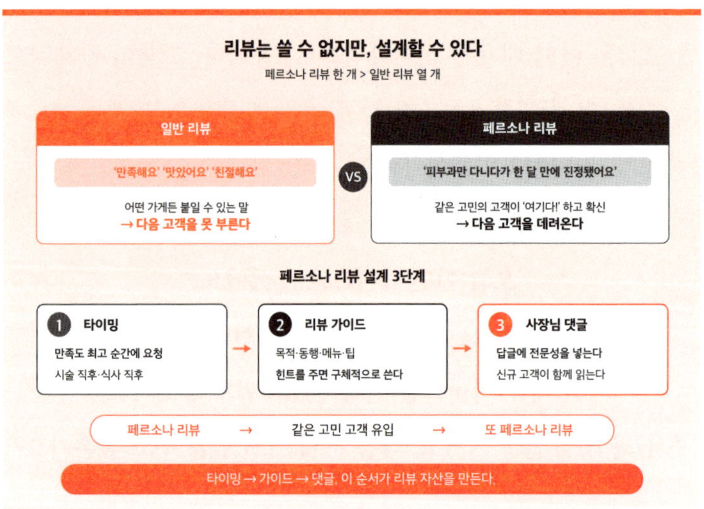

국가대표 출신이 내린 커피라는 사실을 알 수가 없었던 겁니다. 소식란에 이 강점을 담기 시작하면 어떻게 될까요? '이번 달 원두 이야기 — 에티오피아 예가체프를 고른 이유', '국가대표가 추천하는 핸드드립 순서' 같은 소식이 올라오면, 커피를 좋아하는 고객은 '여기 진짜 커피를 아는 곳이구나'라는 확신을 갖게 됩니다. 소식란이 단순한 공지가 아니라 V(Verify) 단계의 강력한 검증 장치로 작동하는 겁니다. 카페 사장님이라면, 원두 이야기든 디저트 레시피든, 사장님만 할 수 있는 이야기를 소식란에 써보세요. 그게 수백 개 카페 사이에서 '여기 가야겠다'를 만드는 차별점이 됩니다.

성공 사례 1 — 미용실 13초 영상의 힘

한 미용실이 플레이스에 영상을 올리기로 했습니다. 촬영 장비는 스마트폰 하나. 고정 앵글로 세팅하고, 자연광 아래에서 고객의 머리를 자르기 전과 후를 13초 영상으로 담았습니다.

Before — 부스스한 머리. After — 깔끔하게 정리된 레이어드컷. 13초 안에 시술 실력이 직관적으로 전달되는 영상이었습니다.

결과는 즉각적이었습니다. 영상 조회수가 빠르게 올라갔고, 무엇보다 리뷰에 '영상 보고 왔어요'라는 후기가 등장하기 시작했습니다. 고객이 영상 하나로 미용실의 실력을 검증하고, 예약

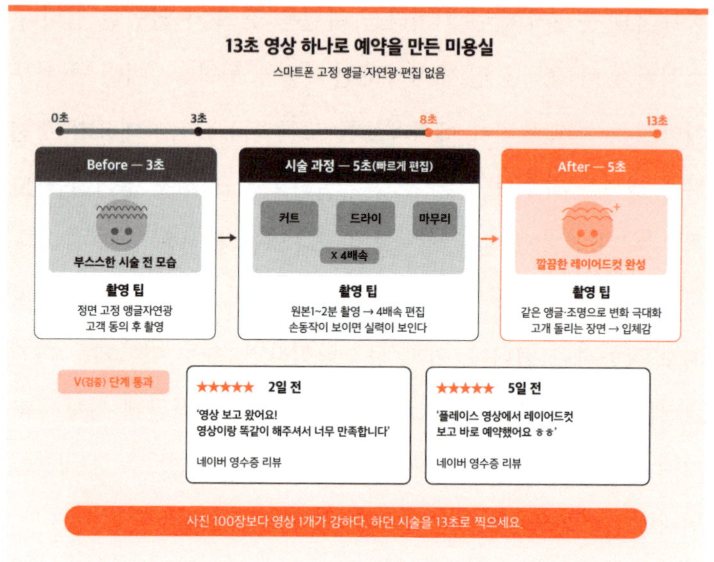

까지 이어진 겁니다.

이 미용실이 한 건 대단한 게 아닙니다. 하던 시술을 13초로 찍어서 올린 것, 그게 전부입니다. 하지만 그 13초가 고객의 V(Verify) 단계를 통과시켰습니다. 사진 100장보다 영상 1개가 더 강력한 설득력을 가질 때가 있습니다.

사장님, 뷰티숍이라면 Before-After 영상이 최고의 무기입니다. 시술 하나만 찍으세요. 촬영 후 인스타 릴스로도 올리고, 네이버 클립으로도 올리면 플레이스까지 1석 3조입니다.

성공 사례 2 — 해방촌 독립서점의 단점→장점 전환

이번엔 뷰티숍도 음식점도 아닌, 독립서점 사례입니다.

　해방촌 언덕 위에 있는 작은 서점. 접근성이 매우 나쁩니다. 골목 안쪽에 있어서 찾기도 어렵습니다. 보통이라면 '단점'이죠.

　하지만 이 서점은 단점을 뒤집었습니다. 높은 곳에 있으니까 벚꽃 뷰가 끝내줍니다. 사장님은 벚꽃 시즌에 스마트폰으로 10초짜리 벚꽃 영상을 찍어 플레이스에 올렸습니다.

　'찾기 어려운 서점'이 아니라 '숨은 벚꽃 명소'가 된 겁니다. 영상에는 '이번 주말까지만 볼 수 있습니다'라는 문구를 넣어 즉각적인 방문을 유도했습니다.

　이 사례에서 배울 점은 분명합니다. 모든 가게에는 단점이 있습니다. 좁은 공간, 외진 위치, 주차 불편. 하지만 그 단점은 뒤집으면 장점이 될 수 있습니다. 좁은 공간은 '아늑한 분위기', 외진 위치는 '숨은 명소', 주차 불편은 '도보 여행에 딱 맞는 곳'. 소개글 첫 줄에서 이 전환을 만들어보세요.

- 내 플레이스 소개글 첫 줄을 열어보세요. **우리 매장의 핵심 차별점**이 담겨 있나요? 아니라면 지금 바로 고치세요.

- 플레이스 쿠폰 다운로드수와 이용수가 얼마나 되는지 체크해 보고, 다른 쿠폰을 만들어서 같은 기간 다운로드수와 이용수를 비교해보세요.

- 스마트폰으로 **10~15초 영상을 1개 촬영**해서 플레이스에 올리세요. '첫 화면 노출' 체크 잊지 마세요.

사장님, 10장에서 메인 화면의 10초를 설계했습니다. 고객이 머물기 시작했다면, 이제 마지막 한 발을 내딛게 해야 합니다. '여기 가자'는 마음이 행동으로 바뀌는 순간, 예약 버튼을 누르고, 전화를 걸고, 길 안내를 켜는 그 순간을 설계하는 게 11장입니다.

- 쿠폰이 없다면, 오늘 **'OO 100% 무료' 쿠폰을 하나 만드세요.** '알림 받기 고객 전용'으로 설정하세요.

- 주변 3명에게 내 플레이스를 **10초간 보여주고** 물어보세요. '여기 뭐 하는 곳이야?' 바로 답이 안 나오면 메인 화면을 다시 설계해야 합니다.

★ AI로 5분 만에 하는 방법은 '부록'의
'AI 프롬프트 가이드 QR코드'를 참고해 주세요.

'클릭은 대표 사진이 만들지만,
예약은 메인 화면이 만든다. 10초 안에 답을 줘라.'

11장.
새벽 2시의 고객도
놓치지 않는 예약 시스템

사장님, 대표 사진과 메인 화면까지 잡으셨으니 플레이스의 겉모습은 이미 달라져 있습니다. 이번 장에서 다룰 건 한 번만 세팅하면 24시간 자동으로 일하는 시스템입니다.

어젯밤에도 사장님 가게를 선택하려던 고객이 있었습니다.

밤 11시, 침대에 누워서 내일 갈 곳을 검색하던 고객. 사장님 가게를 발견하고, 사진도 좋고, 리뷰도 마음에 들어서 '여기다!' 하고 결심했습니다. 하지만 영업시간이 끝나서 예약을 할 수 없습니다. '내일 다시 찾아봐야지.' 그런데 아침에 눈 뜨면 기억이 안 납니다. 다시 검색했더니 어제와는 다르게 다른 매장이 눈에 들어오고, 어젯밤의 결심은 증발합니다. 그 고객은 결국 다른 가게를 선택했습니다.

사장님은 모릅니다. 그 고객이 있었다는 것조차.

이건 사장님 매장의 문제가 아닙니다. 고객이 행동하려는 바로 그 순간에, 행동할 수 있는 장치가 없는 겁니다.

플레이스 유입 데이터를 보면, 저녁 9시부터 자정까지의 검색량이 전체의 30% 이상을 차지하는 경우가 있습니다. 고객은 하루 일과가 끝난 뒤에 '내일 어디 가지?', '이번 주말에 여기 예약해둘까?'를 검색합니다. 이 시간에 사장님은 이미 매장을 닫고 집에 돌아가 쉬고 계시죠.

사장님이 쉬는 시간에도 예약을 받을 수 있는 구조. 이게 없으면 하루 유입의 3분의 1을 그냥 흘려보낼 수 있습니다.

'전화로 예약 받으면 되지, 뭘 따로 시스템까지 만들어.'

전화 예약에는 세 가지 구멍이 있습니다. 첫째, 영업시간 외에는 못 받습니다. 둘째, 시술 중이거나 바쁠 때 못 받습니다. 미용실 원장님이 펌 작업 중에 전화를 받을 수 있을까요? 식당 사장님이 점심 러시 때 전화를 받을 수 있을까요? 셋째, 전화 유입은 데이터가 남지 않습니다. 어떤 키워드로 검색한 고객이 전화했는지, 몇 건의 전화가 실제 방문으로 이어졌는지 추적할 수 없습니다.

'예약 시스템은 큰 매장이나 쓰는 거 아닌가요?'라고 생각하시는 분도 계십니다. 오히려 반대입니다. 1인 매장, 소규모 매장일

수록 예약 시스템이 더 절실합니다. 1인 뷰티숍에서 고객이 갑자기 찾아오면 다른 시술 중에 대응이 안 됩니다. 예약이 없으면 빈 시간과 몰리는 시간이 극단적으로 갈려서, 하루 절반은 놀고 절반은 죽도록 바빠지는 악순환이 반복됩니다.

핵심 원리

고객 방문 설계 6단계에서 A(Action) 단계는 '마찰 없는 전환'입니다. 고객이 '여기 가고 싶다'라고 결심한 순간, 그 결심을 행동으로 바꿔주는 장치가 바로 예약 시스템입니다.

핵심은 24시간 예약 파이프라인을 만드는 것입니다. 세 가지 도구를 조합하면 됩니다.

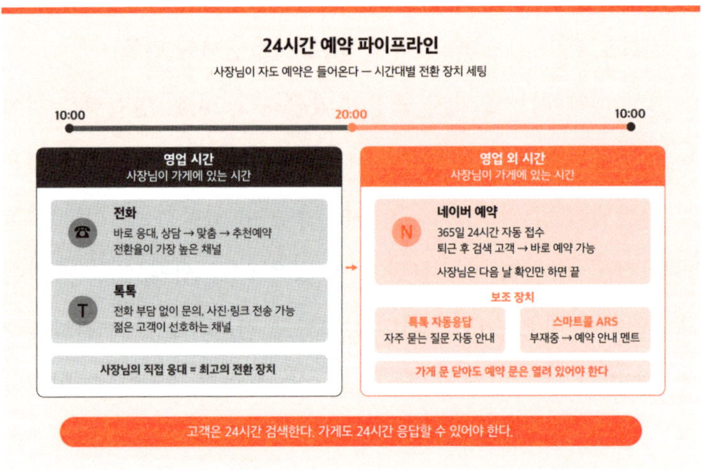

첫째, 네이버 예약. 이것 하나만 켜도 유입이 3배 늘어난다는

데이터가 있습니다. 왜 그럴까요? 네이버에서 '역삼역 맛집'을 검색할 때 '실시간 예약 가능' 필터 체크 기능이 있습니다. 이 필터를 체크하면, 네이버 예약이 없는 매장은 아예 검색 결과에서 사라집니다. 무료인데 안 켜면, 그 자체로 손해입니다.

추가로, 월 3천만 명 가까이 이용하는 네이버 지도에도 예약탭이 새롭게 생겼습니다. 고객이 가고자 하는 목적지 근처에 예약 가능한 매장이 노출됩니다. 이 또한 네이버 예약이 되어 있는 매장만 노출됩니다.

네이버 예약의 여섯 가지 장점을 정리하면 이렇습니다.

유입 3배 증가 + 순위 상승: 예약 건수가 플레이스 행동 점수에 반영됩니다.

24시간 예약: 새벽에도, 명절에도 예약을 받을 수 있습니다.

실시간 예약 필터 노출: 날짜·시간·인원별 검색에 매장이 뜹니다.

재방문 마케팅 활용: 3개월 내 방문자에게 메시지를 보낼 수 있습니다.

비용 효율: 네이버 포장 주문 수수료 0.8%, 배달앱 6.8%와 비교하면 연간 수백만 원 차이입니다.

둘째, 네이버 톡톡. 톡톡은 플레이스 도구 중 단일 효과가 가장 큽니다. 톡톡 하나만 활성화해도 방문자가 2.2배 늘고, 전화 문의

1.4배, 공유 1.5배 증가한다는 데이터가 있습니다(출처: 네이버 D-플레이스 리포트 2022).

톡톡의 진짜 힘은 자동응답 메뉴에 있습니다. 고객이 톡톡에 들어오면 아래 메뉴가 자동으로 뜨도록 설정하세요.

쿠폰 받기 → 쿠폰 다운로드 페이지로 연결

영업시간 안내 → 영업시간·휴무일 자동 응답

위치·길찾기 → 플레이스 길찾기 URL 연결

리뷰 보기 → 리뷰 페이지 연결

새 소식 → 신메뉴·이벤트 안내

한 번만 세팅하면 평생 무료로 작동합니다. 사장님이 시술 중이든 주방에서 불을 요리를 하고 있든, 톡톡이 대신 응대해 줍니다.

셋째, 스마트콜. 스마트콜은 고객이 전화했을 때 ARS로 자동 응답하는 기능입니다. '1번을 누르면 영업시간 안내, 2번을 누르면 예약 안내, 3번을 누르면 위치 문자 발송'과 같이 설정하면, 사장님이 전화를 못 받아도 고객이 정보를 얻고 행동할 수 있습니다.

스마트콜의 숨은 무기는 가상번호 5개입니다. 전단지에는 A번호, 인스타에는 B번호, 블로그에는 C번호를 부여하면, 어떤 채널에서 전화가 오는지 정확하게 측정할 수 있습니다. 광고 효과를 돈 안 들이고 추적하는 가장 쉬운 방법입니다.

성공 사례 1 — 피부관리실(뷰티숍)

이 가게는 피부관리와 속눈썹 시술을 함께 운영하는 뷰티숍이었습니다. 바꾼 것은 두 가지.

첫째, 네이버 예약에 직원별 세부 예약창을 도입했습니다. 고객이 원하는 관리사를 직접 골라 예약할 수 있게 만든 겁니다.

둘째, 리뷰 이벤트를 특정 인기 시술에 집중시켰습니다. 결과는 신규 고객 유입이 안정화됐고, 해당 시술이 인기 스타일에 등극했습니다.

성공 사례 2 — 네이버 예약 도입 전업종 데이터(기타)

업종을 가리지 않고 네이버 예약을 도입한 매장들의 통합 데이터를 보면, 유입이 평균 3배 증가했습니다. (출처: 네이버 D-플레이스 리포트) 수치로 더 와닿는 건 비용입니다.

또 다른 사례 중에는 이런 것도 있습니다. 한 사장님은 이 책의 전작인 《플레이스 시크릿 노트》를 읽고 네이버 예약을 처음 열었는데, 예약 건수가 0에서 하루 6건으로 뛰었습니다. 본인이 직접 남긴 후기입니다. '그냥 이런 부분 하나도 몰랐던 사람인데, 책 보고 하나씩 따라했더니 예약이 0에서 하루 6개로 늘었습니다.'

- **네이버 예약을 활성화하세요.** 예약 가능 시간대와 메뉴(음식점이라면 메뉴별, 뷰티숍이라면 시술별·직원별)를 설정합니다.

- **예약 특전을 1개 이상 정하세요.** '네이버 예약 시 회무침 증정', '예약 고객 10% 할인' 등 예약하는 이유를 만들어주세요. 소액이라도 특전이 있으면 예약 전환율이 확 달라집니다.

- **톡톡 자동응답을 설정하세요.** 쿠폰·영업시간·위치·리뷰·새소식, 이 5가지 메뉴를 만들면 됩니다. 10분이면 끝납니다.

- **스마트콜을 켜세요.** 최소한 통화연결음이라도 설정해서, 부재중일 때 '예약은 네이버에서 가능합니다'라고 안내하면 놓치는 고객을 줄일 수 있습니다.

📝 **한 줄 정리**

'고객이 여기 가자고 결심하는 순간,
예약 버튼이 없으면 그 결심은 증발한다.'

사장님, 11장까지 고객이 예약·전화·방문으로 행동하는 구조를 만들었습니다. 그런데 한 가지 더 있습니다. 같은 고객이 한 번 올 때 더 쓰게 만들 수는 없을까요? 12장에서는 메뉴 설계와 가격 구조만으로 객단가를 올리는 전환율의 숨은 레버를 다룹니다.

12장.
매출 3배 만드는
전환율 10단계 전략

사장님, 9장부터 11장까지 사진·화면·예약을 하나씩 세팅하셨습니다. 이번 장에서 그 조각들을 하나의 파이프라인으로 연결합니다. 여기까지 오면 전환 구조의 뼈대가 완성됩니다.

이런 경험 있으신가요?

광고비를 30만 원 써서 플레이스 유입을 100명에서 300명으로 늘렸습니다. 그런데 실제 매장에 온 손님은 3명에서 9명으로밖에 안 늘었습니다. '300명이나 봤는데 왜 9명밖에 안 오지?' 이 질문에 답이 안 되면, 다음 달에도 30만 원을 쓰고, 그다음 달에도 쓰고, 결국 광고비는 누적되는데 매출은 제자리입니다.

반대로, 같은 100명이 들어왔는데 3명이 아니라 6명이 방문하면 어떨까요? 광고비 한 푼 안 쓰고 매출이 2배가 됩니다. 이것이 전환율의 힘입니다.

9장부터 11장까지 대표 사진, 메인 화면, 예약 시스템을 각각 다뤘습니다. 이번 장에서는 그 모든 것을 하나로 연결합니다. 플레이스에 들어온 고객이 실제로 매장까지 걸어 들어오게 만드는 전환율 10단계 전략입니다. 각 단계에서 이탈하는 고객을 조금씩 줄이면, 전환율은 10%가 증가합니다. 기존 전환율이 5%라면 15%가 되는 것이고 매출은 3배가 증가합니다.

흔한 오해

'매출을 올리려면 방문자 수를 늘려야 한다.'

직관적으로는 맞는 말 같습니다. 하지만 숫자를 넣어보면 다릅니다.

플레이스 유입이 100명이고 전환율이 5%면, 매장 방문자는 5명입니다. 방문자를 10명으로 만드는 방법은 두 가지입니다.

방법 A: 유입을 200명으로 늘린다 → 전환율 5% × 200명 = 10명. 하지만 유입을 2배로 늘리려면 광고비를 2배로 써야 합니다. 매달 계속.

방법 B: 전환율을 5%에서 10%로 올린다 → 전환율 10% × 100명 = 10명. 비용은 0원입니다. 사진 바꾸고, 소개글 다듬고, 고품질의 리뷰를 확보하고, 예약 특전 넣고, 메뉴판 정리하는 것뿐이니까요. 그리고, 한 번만 세팅하면 효과가 지속됩니다.

많은 사장님이 저에게 가게 오픈하면 뭐부터 해야 마케팅이 잘 될지 물어봅니다. 그때마다, 저는 한 가지 기준을 알려드리는데요. 사장님이 하시려는 마케팅의 효과가 지속적인 것을 먼저 하고, 일시적인 건 나중에 하라고 말씀드립니다. 예를 들어, 고객의 관점에서 만든 영상은 효과가 지속적인 반면에, 광고는 일시적인 효과만 있습니다. 광고비를 태우기 전에 전환율부터 세팅해야 하는 이유가 바로 이겁니다. 구멍 난 양동이에 물을 부으면 아무리 부어도 찰 수 없습니다. 구멍부터 막아야 합니다.

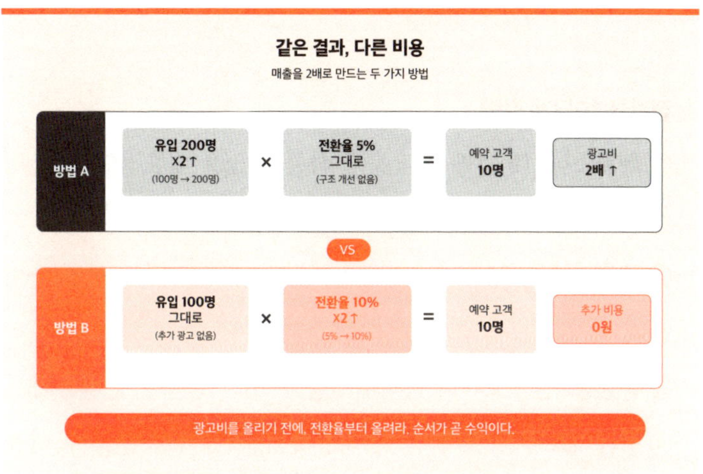

핵심 원리

전환율을 결정하는 두 가지 핵심: 체류시간과 반송률

고객이 플레이스에 들어와서 얼마나 오래 머무느냐(체류시간), 그리고 첫 화면만 보고 나가버리는 비율이 얼마나 되느냐(반송률). 이 두 가지가 전환율의 엔진입니다.

체류시간이 길다는 건, 고객이 사진도 보고 리뷰도 읽고 메뉴도 확인하고 있다는 뜻입니다. 그만큼 '여기 가볼까' 하는 마음이 커지고 있다는 신호입니다. 반대로 반송률이 높다는 건, 첫 화면에서 '아, 여긴 아니다' 하고 바로 나간다는 뜻입니다.

네이버 알고리즘도 이걸 봅니다. 체류시간이 길고 반송률이 낮은 매장은 플레이스 점수가 올라가고, 점수가 올라가면 순위가 오릅니다. 전환율을 올리면 매출뿐 아니라 노출까지 같이 올라가는 선순환이 시작됩니다.

전환율 10단계 전략

① **페르소나**: 내 가게에 방문할 확률이 높은 대표적인 고객 정하기.

② **대표 사진**: 페르소나 고객의 클릭을 부르는 대표 사진 준비하기.

③ **동영상**: 신규고객이 간접체험할 수 있는 동영상 준비하기.

④ **플레이스 쿠폰**: 알림받기, 저장하기, 리뷰까지 받을 수 있는 매력적인 쿠폰 준비하기.

⑤ **소식**: 내 가게에 와야 하는 이유가 담긴 소식 작성하기.

⑥ **리뷰**: 고품질의 사진과 구체적이고 생생한 리뷰와 답글을 준비하기.

⑦ **상세 설명**: 신규고객의 방문을 망설이게 하는 고민을 해결해 주고 가게의 차별화된 매력을 자세히 작성하기.

⑧ **메뉴**: 시그니처 메뉴, 시즌 메뉴를 대표메뉴로 내세워서 방문 욕구를 자극하기.

⑨ **예약**: 밤 늦게 검색하는 신규고객의 이탈을 막는 네이버예약 준비하기.

⑩ **스마트콜/톡톡**: 자동응답 시스템을 준비하여 고객은 빠르게 문의를 해결하고, 사장님은 시간 낭비를 줄이기.

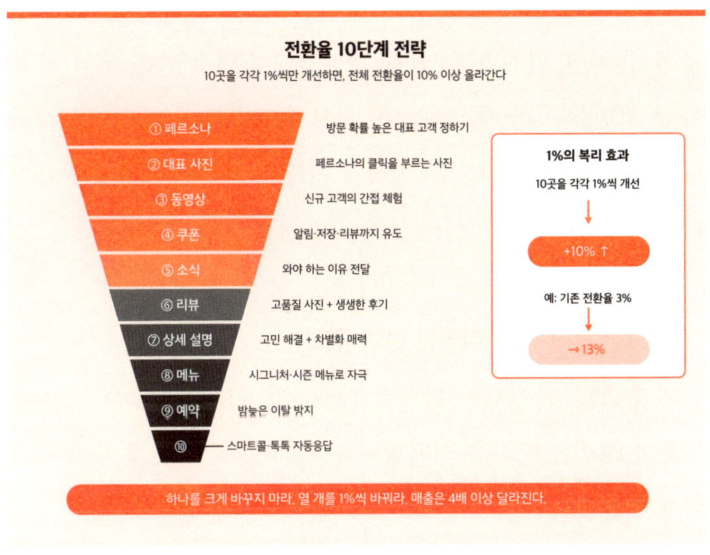

핵심은 이겁니다. 각 단계에서 전환율을 1%씩만 개선하면, 전체 전환율은 10%가 증가합니다. 한 단계에서 극적인 변화를 만들 필요가 없습니다. 약간의 개선만으로도 큰 변화를 만들어낼 수 있습니다.

메뉴 프라이싱 네 가지 전략

10단계 중 8번(메뉴)은 생각보다 많은 사장님이 놓치는 구간입니다. 메뉴판은 단순한 가격표가 아닙니다. 고객의 지갑을 여는 설계도입니다.

① 복수 가격 — '하나보다 둘'

아메리카노가 4,500원 하나뿐이면 '사거나 말거나'입니다. 레귤러 4,500원, 라지 5,500원 두 가지를 놓으면 고객은 '어느 걸 살까'를 고민합니다. 최소 매출이 확보되면서 추가 매출이 발생합니다. 복수 가격만으로 6% 이상의 매출 증대 효과가 있다는 데이터가 있습니다.

② 중간 가격 — '합리적인 선택 유도'

피자 스몰 10,000원, 미디엄 12,000원, 라지 16,000원이면 대부분의 고객은 중간을 선택합니다. 팔고 싶은 메뉴를 중간 가격대에 놓으세요.

③ 디코이(미끼 상품) — '비싼 걸 합리적으로 보이게'

중간 가격을 비싼 가격에 바짝 붙이면, 고객은 '차이가 2,000원밖에 안 나는데 큰 걸 사지'라고 판단합니다. 피자 스몰 10,000원, 미디엄 14,000원, 라지 16,000원이면 라지를 삽니다. 팔고 싶은 메뉴가 있다면, 그보다 살짝 싸면서 혜택이 확 줄어드는 미끼 메뉴를 옆에 두세요.

④ 앵커링 — '비싼 것을 먼저 보여라'

메뉴판의 가격이 9,000원부터 시작해서 12,000원, 18,000원….
이렇게 나가면 12,000원 메뉴가 비싸 보입니다. 반대로 18,000원
부터 시작하면, 12,000원 메뉴가 '합리적'으로 보입니다. 가격은
항상 내림차순으로 배열하세요. 이것만 바꿔도 객단가가 달라집
니다.

사장님, 이 네 가지는 행동경제학에서 검증된 원리입니다. 어
렵게 느껴질 수 있지만, 실제로 바꾸는 건 메뉴판의 가격 순서와
메뉴 구성 두 가지뿐입니다.

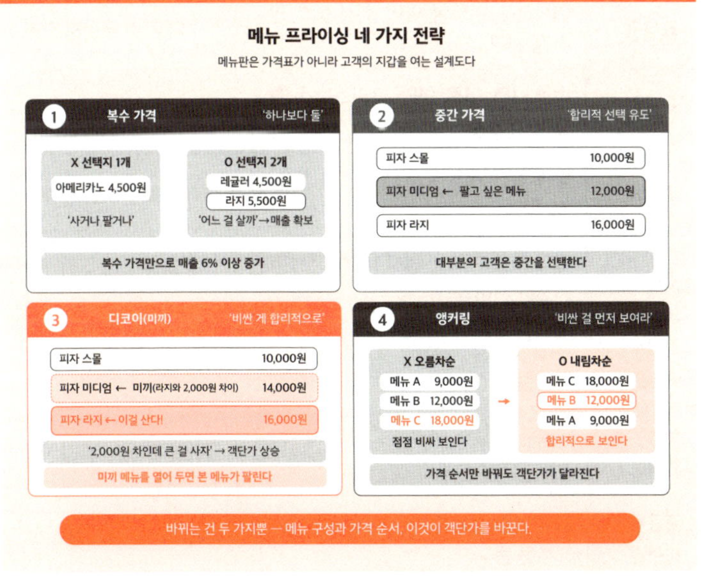

리뷰에 꼭 들어가야 할 열 가지 키워드

고객 방문에 결정적인 역할을 하는것이 리뷰입니다. 또한, 네이버 AI는 리뷰를 분석해서 매장을 추천합니다. '맛있어요' 한 줄짜리 리뷰는 AI가 가져갈 데이터가 없습니다. 다음 열 가지 키워드가 리뷰에 자연스럽게 포함되도록 유도해야 합니다.

분류	세부 항목 및 예시	비고
메뉴 키워드	구체적 메뉴명 (예: 바질 오일 파스타, 아인슈페너, 히피펌)	메뉴의 전문성 강조
분위기 키워드	유럽풍, 아늑한, 고급스러운, 힙한, 모던한, 감성적인	매장 첫인상 결정
방문 목적	데이트, 회식, 생일, 혼밥, 청첩장 모임, 기념일	타겟팅 필수 요소
동행자	여자친구, 부모님, 아이, 회사 동료, 반려견, 친구	누구와 가기 좋은지 강조
계절성	벚꽃 시즌, 여름, 연말, 크리스마스, 할로윈, 휴가철	시기별 유입 유도
미디어	방송 출연, 유튜버 추천, 인스타 핫플, TV 맛집	신뢰도 및 인지도 상승
만족도	기대 이상, 재방문 의사 100%, 갓성비, 친절한 서비스	실제 이용 후기 핵심
거점 키워드	'역삼역 술집', '성수동 브런치', '강남역 미용실'	지역 + 업종 조합
명소 키워드	근처 지하철역, 유명 랜드마크 (예: OO공원 앞, OO백화점 인근)	접근성 및 위치 설명
고품질 비주얼	밝고 선명한 음식·시술 사진, 공간 영상, 드론샷 등	시각적 신뢰도 확보

물론, 하나의 리뷰에 열 가지 모두 넣는 건 어렵습니다. 이 중에 3개라도 넣게 되면 상위 10% 퀄리티의 리뷰를 만들 수 있습니다. 이 키워드들이 리뷰에 쌓이면, 네이버 AI 브리핑에 매장의 특징이 자동으로 요약됩니다. '역삼역 근처 데이트하기 좋은 파스타 맛집'처럼요. 고객이 리뷰를 하나하나 읽지 않아도, AI가 대신 정리해서 보여줍니다.

사례

성공 사례 1 — 닭가대표 강남역삼대표점(음식점)

역삼역의 대표적인 숯불치킨 전문점. 이 사장님은 여러 프랜차이즈를 운영하며 연간 70~80억 원의 매출을 올리던 분이었습니다. 그런데 프랜차이즈를 떠나 독립 브랜드를 시작했습니다. 이유가 있었습니다. 프랜차이즈 본사는 매출이 잘 나오는 가맹점 바로 옆에 새 가맹점을 열어도 막지 않았습니다. 사장님이 만든 매출을, 본사가 나눠 가져가는 구조였던 겁니다. '내 고객을 내가 지킬 수 있는 브랜드를 만들겠다.' 그래서 시작한 매장입니다. 이 매장이 전환율 10단계를 어떻게 활용했는지 하나씩 따라가 보겠습니다.

① 메뉴 확인: 커스텀 메뉴로 객단가 4배

이 사장님은 메뉴판을 완전히 바꿨습니다. 치킨 양념, 맛, 맵기, 토핑을 고객이 직접 골라서 조합하게 만든 겁니다. 일반적인 치킨집에서 객단가가 1만 원 후반대라면, 이 매장은 고객이 이것 저것 추가하면서 객단가가 4만 원대까지 올라갑니다.

그런데 놀라운 건, 고객이 '비싸다'고 느끼지 않는다는 것입니다. 왜냐하면 자기가 직접 골랐으니까요. 행동경제학에서 이걸 '이케아 효과'라고 부릅니다. 이케아 가구를 직접 조립하면 그 가구에 더 높은 가치를 매기는 것과 같은 원리입니다. 고객이 메뉴 선택에 참여하면, 가격 민감도가 떨어지고 만족도는 올라갑니다.

② 꽝 없는 QR 리뷰 이벤트

식사가 끝나면 테이블에서 QR 카드를 뽑습니다. QR 코드를 찍으면 사이드 메뉴 랜덤 당첨이나 50% 할인권이 나옵니다. 꽝이 없습니다. 당첨이 되면 고객은 추가 메뉴를 주문합니다. 이때 할인이 적용되는 건 추가 상품이기 때문에, 마진율 30%는 유지됩니다.

보통 리뷰 이벤트는 '음료수 증정' 같은 소소한 보상이라 한두 명만 참여합니다. 이 매장은 테이블 전체가 참여합니다. 4명이 왔으면 4명 모두 리뷰를 씁니다. 리뷰를 쓸 때는 작성법 가이드가 함께 제공됩니다. '역삼역 술집', '애견동반', '역삼역치킨맛집' 같은 키워드가 자연스럽게 포함되도록 안내하는 겁니다.

결과는 이렇습니다. 리뷰 999건 이상 달성, 월매출 1억 원 이상.

이 사장님도 처음에는 마케팅을 남에게 맡겼습니다. 과거 홀 매장을 운영할 때 마케팅 업체에 2~3천만 원을 쏟아부었지만, 결과는 제로였습니다. 그 경험이 뼈아팠기에 지금은 플레이스 세팅을 직접 합니다. 리뷰에 실시간으로 응대하고, 쿠폰 내용이나 이벤트를 자주 변경하면서 스스로의 힘으로 공부하며 플레이스를 꾸준히 활성화하고 있습니다.

닭가대표의 노하우가 궁금하다면?

성공 사례 2 — 용산 퍼스널컬러

용산의 한 퍼스널컬러 진단 매장 이야기입니다. 시술 실력은 있었지만, 플레이스에는 그 실력이 보이지 않았습니다. 매장의 핵심 키워드와

대표 사진이 맞지 않았고, 신규 고객을 위한 정보도 부족했습니다.

고객 경로를 분석한 뒤, 플레이스를 종합적으로 바꿨습니다. 대표 사진을 페르소나 고객이 찾는 사진으로 교체하고, 플레이스 메인을 신규 고객을 위한 이벤트로 채웠습니다. 체류시간을 늘리기 위해 진단 과정을 촬영한 체험형 영상을 올리고, 쿠폰을 세팅하고, 상세 설명을 다시쓰고, 리뷰 답글 전략까지 정비했습니다. 결과는 당월 예약 마감. 돈은 한 푼도 들지 않았습니다. 광

고를 돌린 것도 아닙니다. 네이버 플레이스가 제공하는 무료 기능 — 대표 사진, 영상, 쿠폰, 상세 설명, 리뷰 답글 — 을 제대로 세팅한 것뿐입니다. 이 사례의 교훈은 명확합니다. 광고로 순위를 올려 노출이 늘어도, 플레이스 안의 전환 구조가 안 되어 있으면 매출은 오르지 않습니다.

반대로 전환 구조를 먼저 잡으면, 광고 없이도 예약이 마감됩니다.

- 10단계를 하나씩 순서대로 개선해 보세요.

- **메뉴 가격 순서를 점검하세요.** 지금 메뉴판이 오름차순(싼 것 → 비싼 것)이면 세트메뉴를 만들어서 가장 위에 배치해 보세요.

- **리뷰 키워드 점검표를 만들어 매장에 비치하세요.** 열 가지 키워드 중 우리 매장에 중요한 5개를 골라서, 고객이 리뷰 쓸 때 자연스럽게 참고할 수 있는 가이드를 만드세요.

- **한 달 뒤 같은 방식으로 전환율을 다시 측정할 날짜를 달력에 표시하세요.** 변화를 숫자로 확인해야 다음 개선 방향이 보입니다.

★ AI로 5분 만에 하는 방법은 '부록'의
'AI 프롬프트 가이드 QR코드'를 참고해 주세요.

📝 **한 줄 정리**

'매출 2배는 방문자 2배가 아니다.
10개의 작은 개선이 매출 4배를 만든다.'

13장.
제철 코어 마케팅:
계절을 무기로 쓰는 법

문제 제기 — '비수기라서 어쩔 수 없다'는 착각

픽셀 라이프 시대, 제철 코어로 플레이스를 공략하는 법: 고객의 관심은 픽셀처럼 쪼개진다

얼마 전 두쫀쿠가 돌풍을 일으켰고, 이어서 봄동비빔밥이 유행했습니다. 그러고 나서 바로 버터떡까지 유행은 너무나 빨리 지나갑니다.

《트렌드코리아 2026》에서는 이 현상을 **'픽셀 라이프'**라고 부릅니다. 소비자의 관심이 작고, 많고, 빠르게 바뀐다는 뜻입니다. 과거에는 메가트렌드가 있었습니다. 한 번 유행하면 6개월은 갔습니다. 지금은 다릅니다. 마이크로 트렌드 시대입니다. 유행이 2주 만에 바뀌고, 고객의 취향은 계절보다 빠르게 움직입니다.

이 시대에 사장님의 플레이스가 1년 내내 같은 사진, 같은 소개글, 같은 메뉴판이라면 어떻게 될까요? 고객 눈에는 '업데이트가 안 되는 가게'로 보입니다. 관심 목록에서 밀려납니다. 클릭조차 받지 못 합니다.

그렇다고 매주 매장 인테리어를 바꿀 수는 없습니다. 여기서 제철 코어 마케팅이 답이 됩니다.

매출은 계절 탓이 아니다

'여름이라 손님이 없어요.' '겨울엔 원래 이래요.'

매출이 떨어질 때마다 계절 탓을 하는 사장님이 많습니다. 그런데 같은 동네, 같은 업종인데 비수기에도 꾸준한 가게가 분명히 있습니다. 차이가 뭘까요? 날씨가 아닙니다. 계절이 바뀔 때 플레이스를 바꿨느냐, 안 바꿨느냐의 차이입니다.

많은 사장님이 시즌 마케팅을 '계절 메뉴 출시'로만 이해합니다. 여름에 냉면 추가하고, 겨울에 국물 메뉴 넣고. 물론 중요합니다. 하지만 메뉴만 바꾸고 플레이스는 그대로 두면, 고객은 그 변화를 알 수가 없습니다. 대표 사진은 6개월 전 촬영본이고, 소식란은 3개월째 멈춰 있고, 소개글엔 계절 키워드가 한 글자도 없습니다.

버터떡을 만들어 팔기 시작했으면 대표 키워드에 버터떡을 추가해야 하는데 그냥 메뉴만 추가했을 뿐 기존 고객 외에는 아무도 모릅니다. 메뉴는 바꿨는데 플레이스가 그걸 말해주지 못하는 겁니다.

픽셀 라이프 × 제철 코어 = 분기마다 새로운 가게

픽셀 라이프 시대의 고객은 **'지금 아니면 가지 못할 곳'**, **'지금 아니면 먹지 못할 것'**을 찾습니다. 팝업스토어와 시즌 한정 메뉴에 열광하는 이유가 여기에 있습니다. 계절의 경계가 점점 애매해지면서, 오히려 계절감을 뚜렷하게 느낄 수 있는 경험에 반응하는 겁니다.

제철 코어 마케팅은 이 심리를 플레이스에 심는 전략입니다. 핵심은 세 가지입니다.

첫째, 제철 키워드. 고객의 검색어 자체가 계절에 따라 바뀝니다. 봄에는 '벚꽃', '테라스', '야외', 여름에는 '실내', '오션뷰', 가을에는 '단풍', '야장', '루프탑', 겨울에는 '연말', '크리스마스', '송년회'. 이 계절과 시기케 맞는 키워드가 플레이스의 소개글과 소식에 들어 있어야 검색에 잡힙니다.

둘째, 제철 사진. 검색 결과에서 고객이 가장 먼저 보는 건 대표 사진입니다. 1초 안에 '지금 이 계절에 가기 좋은 곳'이라는 느낌을 줘야 합니다. 벚꽃 시즌에 벚꽃이 핀 테라스 사진, 겨울에 김이 모락모락 나는 국물 사진. 계절감이 살아 있는 사진이 클릭률을 올립니다.

셋째, 제철 메뉴(또는 서비스). 시즌 한정이라는 말 자체가 행동을 끌어내는 장치입니다. '지금 안 가면 못 먹는다'는 희소성이 작동합니다. 여기에 플레이스 쿠폰까지 연결하면 전환율은 더 올라갑니다.

이 세 가지를 분기마다 로테이션하면, 같은 가게인데 1년에 4번 새로운 가게가 됩니다. 픽셀처럼 빠르게 움직이는 고객의 관심을, 계절이라는 리듬으로 잡는 겁니다.

매장은 못 바꿔도, 플레이스는 바꿀 수 있다

여기서 핵심을 짚겠습니다. 매장 인테리어를 매번 바꿀 수는 없습니다. 하지만 플레이스는 돈 한 푼 들이지 않고 리모델링할 수 있습니다. 대표 사진, 소식, 쿠폰, 영상, 상세 설명. 이 다섯 가지에 시즌성 이미지와 계절 키워드를 넣으면 됩니다.

네이버는 고객이 찾는 키워드와 좋아하는 포인트를 실제 검색 결과에 반영합니다. 플레이스를 계절감에 맞춰 채워 넣는 것 자체가 검색 노출에 직접 영향을 주는 섭니다.

자영업 마케팅의 진짜 무기: 작고 많은 경험

픽셀 라이프 시대의 마케팅은 플레이스에서 끝나지 않습니다. 고객은 하나를 크게 경험하는 것보다 여러 가지를 작게 경험하고 싶어 합니다. 향수 디스커버리 세트가 잘 팔리는 이유, 맥주집 샘플러가 인기인 이유, 초밥집에서 모둠을 시키는 이유가 모두 같습니다.

이걸 우리 가게에 적용하면 어떻게 될까요?

음식점이라면 시그니처 3종 미니 세트를 만들 수 있습니다. 뷰티숍이라면 두피 케어 + 스타일링 + 홈케어 키트를 묶은 체험 코스를 구성할 수 있습니다. 고객은 '작고 많은 경험'을 통해 취향에 맞는 걸 찾고, 그 과정에서 자연스럽게 재방문 이유가 생깁니다.

감정을 파는 시대, 기분을 건드려라

한 가지 더. 픽셀 라이프와 함께 주목해야 할 흐름이 필코노미입니다. 기분에 돈을 쓰는 시대. '배고파서'가 아니라 '기분이 우울해서' 빵을 사는 고객이 늘고 있습니다.

이걸 플레이스에 어떻게 반영할까요? 상세 설명에 기능적 스펙만 나열하지 마세요. '300도 화덕에서 구운 피자' 대신 **퇴근길, 하루를 마무리하는 한 조각'**이라는 문장이 더 와닿습니다. 메뉴 이름도 마찬가지입니다. 같은 떡볶이라도 '매운 떡볶이'보다 **스트레스 날리는 화끈 떡볶이'**가 감정을 건드립니다.

낮에는 밝은 조명에 경쾌한 음악, 저녁에는 조도를 낮추고 잔잔한 음악. 이렇게 고객의 기분을 좋게하는데 최선을 다해야 합니다. 이런 관심이 고객의 좋은 리뷰 하나를 불러오고, 재방문을 만들어 냅니다. 그리고, 그 리뷰 한 줄이 다음 고객의 클릭을 부릅니다.

가격이 아니라 가치를 말하라

마지막으로, 프라이스 디코딩입니다. 요즘 고객은 가격표 뒤의 의미를 해석합니다. '왜 이 가격이지?'를 꼼꼼히 따집니다. 단순히 싸면 좋다는 시대는 지났습니다. 비싸더라도 거기에 담긴 가치가 있다고 판단되면 기꺼이 지갑을 엽니다.

가격을 납득시키는 요소는 세 가지입니다.

① **스토리**: 왜 이 메뉴를 만들었는지, 어떤 재료를 쓰는지. 당근 케이크 8,000원이 비싸 보여도, '당근을 싫어하는 5살 딸 서연이를 위해 만든 건강한 당근 케이크'라면 납득이 됩니다.

② **신뢰**: 매일 영업 종료 후 청소하는 사진을 SNS에 올리는 광주의 치킨집 사장님 기억하시나요? 매일 튀김기의 기름을 비우고 깨끗하게 물청소를 한 사진을 SNS에 올려서 큰 화제가 되었습니다. 그 이후로 이 가게는 매출이 3배나 올랐고 방송에도 출연했습니다. 고객은 '최소한 이 집은 깨끗하다'는 신뢰를 갖게 되었기 때문입니다. 이 가게가 가격을 1~2천 원 올린다고 손님들이 더 이상 방문하지 않을까요?

③ **시그니처**: 다른 데서 할 수 없는 것, 여기서만 해주는 것. 시그니처 하나만 제대로 잡으면, 가격 경쟁에서 벗어날 수 있습니다.

플레이스에서도 마찬가지입니다. 소식이나 영상에 모든 메뉴를 다 홍보하려고 하지 마세요. 딱 하나, 시그니처만 집중해서 보여주세요. 고객이 기억하는 건 열 가지 메뉴가 아니라, 단 하나의 인상입니다.

정리: 계절의 리듬으로 고객의 픽셀을 잡아라

픽셀 라이프 시대에 가장 현실적인 자영업 마케팅 전략은 이렇습니다.

분기마다 플레이스를 리모델링하라.

→ 대표 사진, 소식, 쿠폰, 소개글에 계절감을 심어라.

제철 키워드를 공략하라.

→ 고객의 검색어는 계절마다 바뀐다.

내 플레이스도 바뀌어야 한다.

작고 많은 경험을 설계하라.

→ 미니 세트, 시즌 한정, 체험 코스로 '지금 아니면'을 만들어라.

감정을 건드려라.

→ 기능이 아니라 기분을 파는 메뉴 이름과

상세 설명으로 바꿔라.

시그니처 하나에 집중하라.

→ 가격을 납득시키는 건 할인이 아니라 스토리와 신뢰다.

매장은 1년에 한 번 바꾸기도 어렵습니다. 하지만 플레이스는 분기마다 새 옷을 입힐 수 있습니다. 그것도 돈 한 푼 들이지 않고.

계절이라는 자연의 리듬을 내 편으로 만드세요. 픽셀처럼 흩어지는 고객의 관심이, 사장님의 플레이스에서 멈추게 됩니다.

사장님, 지금 바로 시작할 수 있는 것들입니다.

- 계절마다 검색량이 올라가는 키워드를 찾아보세요. 네이버 검색창에서 '함께많이찾는' 키워드, 또는 파워링크 광고영역이나 뉴스영역에서도 키워드 힌트를 얻을 수 있습니다.

- 대표 사진을 준비하세요. 다음 시즌 사진이 없다면, 이번 주에 촬영 계획을 잡으세요.

- 계절키워드 주제로 블로그체험단을 미리 준비하세요. 시즌이 시작되고 준비하면 늦습니다.

- 시즌 한정 메뉴나 서비스를 1개 기획하세요. 새로 만들 필요 없습니다. 기존 메뉴에 계절 수식어를 붙이는 것부터 시작하세요. (예: '여름 한정 냉파스타', '12월 딱 한 달만 크리스마스 시즌 케이크 주문 가능')

- 소식란에 시즌 콘텐츠를 1개 발행하세요. 시즌 메뉴 소개, 계절 분위기 사진, 시즌 이벤트 안내 등 어떤 형태든 좋습니다. 소식이 쌓이면 신규 고객 전환율이 올라갑니다.

★ AI로 5분 만에 하는 방법은 '부록'의

'AI 프롬프트 가이드 QR코드'를 참고해 주세요.

**"비수기는 계절 탓이 아니라 준비 부족이다.
계절을 무기로 쓰는 가게만 1년 내내 성수기다."**

사장님, PART 4에서 전환의 모든 요소를 설계했습니다. 대표 사진, 메인 화면, 예약 시스템, 메뉴 구성, 제철 마케팅까지. 고객이 '여기 가자'고 결정하는 구조를 완성한 겁니다. 이제 PART 5에서는 한 번 온 고객이 다시 오게 만드는 구조를 쌓겠습니다. 전환이 한 번의 매출이라면, 단골은 평생의 매출입니다.

다시 찾아오는 고객을 만들기

14장.
왜 매출이 올라도 남는 게 없을까:
LTV의 비밀

PART 4에서 플레이스라는 브랜드 홈페이지의 전환 구조를 완성했습니다. 이제 PART 5에서는 한 번 온 고객이 **다시 오고, 주변에 알리는 단골 구조**를 만듭니다. 노출로 데려오고, 전환으로 방문시키고, 단골로 남기는 것. 이 세 층이 완성되면 플레이스가 진짜 브랜드 홈페이지가 됩니다. 사장님, 이미 절반 이상을 해내셨습니다. 남은 건 올린 매출을 지키는 구조입니다.

문제 제기 — '매출은 오르는데 통장은 안 오른다'

사장님, PART 4까지 잘 따라오셨다면 지금쯤 플레이스 세팅이 꽤 갖춰져 있을 겁니다. 키워드 잡고, 사진 바꾸고, 전환 구조 세팅하고, 계절 마케팅까지. 실제로 신규 고객이 들어오기 시작했을 수도 있습니다.

그런데 한 가지 이상한 점을 느끼셨을 겁니다.

매출은 분명히 늘었는데, 월말에 통장을 열어보면 남는 게 별로 없다는 것.

이 상황, 저도 컨설팅하면서 정말 많이 봤습니다. 광고비 쓰고, 체험단 돌리고, 쿠폰 뿌리고. 그 고객이 딱 한 번 오고 안 오면 어떻게 될까요? 원가 빼면 마이너스입니다. 광고를 돌리면 돌릴수록 매출은 오르는데, 수익은 제자리거나 오히려 줄어드는 구조. 이게 바로 '매출의 함정'입니다.

13장까지 전환 설계를 완성했다면, 이제 질문을 바꿔야 합니다. '어떻게 더 많은 고객을 데려올까'가 아니라, '한 번 온 고객이 얼마나 오래, 얼마나 자주 다시 올까'로.

PART 5는 바로 이 질문에서 시작합니다.

흔한 오해 — '신규가 많으면 자연히 남는다?'

첫 번째 오해. '신규 고객이 많으면 매출은 자연히 오른다.'

맞는 말 같지만, 빠진 게 있습니다. 신규 고객을 데려오는 데는 반드시 비용이 듭니다. 광고비, 체험단 비용, 할인 쿠폰, 사장님의 시간과 에너지까지. 고객이 한 번 오고 사라지면 그 비용은 고스란히 '지출'로 남습니다.

숫자로 보면 더 선명합니다. 객단가 2만 원, 원가 1만 원인 가게가 있습니다. 신규 고객을 데려오는 데 광고비 5천 원이 들고, 첫 방문 서비스로 3천 원어치를 제공하면, 매출은 2만 원이지만 수익은 2천 원입니다. 그런데 이 고객이 재방문하면? 광고비도, 첫 방문 서비스도 필요 없으니 수익은 1만 원. 같은 고객, 같은 매출인데 수익은 5배 차이입니다. 이것이 단골 전략이 중요한 진짜 이유입니다.

두 번째 오해. '좋은 서비스를 하면 고객은 알아서 다시 온다.'

물론 서비스가 좋으면 재방문 확률이 높아지죠. 하지만 사장님, 솔직하게 생각해보세요. 맛있게 먹은 식당, 만족스러웠던 미용실…. 그중 몇 곳을 실제로 다시 가셨나요? 좋은 경험만으로는 부족합니다. 다시 오게 만드는 '장치'가 없으면, 고객은 좋은 기억을 안고 다른 가게로 갑니다.

핵심 원리 — 단골의 진짜 정의, 그리고 LTV

먼저 단골이 무엇인지 다시 정의하겠습니다. 많은 사장님들이 단골을 '자주 오는 손님' 정도로 생각하십니다. 틀린 말은 아닙니다. 하지만 구조적으로 보면, 더 정확한 정의가 있습니다.

단골이란, 더 이상 검색하지 않는 고객입니다.

'뭐 먹지?' 하는 순간, 네이버를 열지 않고 바로 떠오르는 가게. '머리 할 때 됐는데' 하는 순간, 비교 없이 바로 예약하는 곳. 이 고객은 고객 방문 설계 6단계의 S(검색), C(비교), V(검증)를 전부 건너뜁니다. 건너뛴다는 건, 경쟁자에게 기회가 사라진다는 뜻입니다. 광고비가 줄어드는 게 아니라, 경쟁 자체에서 빠지는 겁니다.

그러면 질문이 바뀝니다. '어떻게 하면 고객의 머릿속에서 검색을 건너뛰게 만들 수 있을까?'

이 질문에 답하기 전에, 먼저 단골의 가치를 숫자로 보겠습니다. 사장님이 반드시 알아야 할 개념이 하나 있습니다. LTV, 고객 생애 가치입니다. 쉽게 말하면, 단골 한 분이 우리 가게를 그만 오는 날까지 총 얼마를 쓰는가, 바로 그 금액입니다.

공식은 간단합니다.

LTV = 객단가 × 방문 빈도 × 유지 기간

한 명의 고객이 우리 가게에서 더 이상 오지 않을 때까지 만들어주는 총 매출. 이게 LTV입니다.

예를 들어볼게요. 카페를 운영하신다면, 고객이 한 번에 1만 원을 쓰고, 한 달에 5번 오고, 1년간 유지된다고 합시다. LTV는 60만 원입니다. 마진율 30%면 한 명당 18만 원의 수익. 미용실이라면, 한 번에 5만 원, 연 8회 방문, 2년 유지. LTV는 80만 원, 이익률 40%면 32만 원의 수익입니다.

이제 이 숫자를 CAC(고객 획득 비용)과 비교해 보세요. 새 손님 한 명을 우리 가게 문 앞까지 데려오는 데 드는 총비용입니다. 광고비, 쿠폰 할인, 체험단 비용을 다 합친 금액이죠. 건강한 가게 구조는 LTV가 CAC의 3배 이상일 때 만들어집니다. 그런데 고객

이 딱 한 번 방문하고 떠나면? LTV가 곧 1회 매출이 되어버리고, CAC를 회수하지 못합니다.

여기에 더 강력한 숫자가 있습니다. 고객 유지율을 5%만 높여도 수익은 25% 이상 증가합니다. 재방문 고객은 획득 비용이 거의 0원이고, 만족한 단골은 주변에 추천까지 합니다. 추천으로 온 고객은 광고비 없이 유입되니 수익 기여도가 처음부터 높습니다. 단골 한 명이 만드는 파급 효과는 신규 고객 열 명의 광고비보다 큽니다.

일본의 전설적인 요식업 경영자 우노 다카시는 《장사의 신》에서 이렇게 말했습니다.

"아버지는 '음식점은 건전한 다단계 사업이야'라고 자주 말하곤 했다. 가게를 좋아해주는 손님이 다음 손님을 데려와 주고, 그 손님이 또 다음 손님을 데리고 찾아와 주니까. 가게라는 건 그런식으로 성장해간다는 의미였다.”

이 말이 LTV의 본질을 가장 쉽게 설명합니다. 단골 한 명은 자기 매출만 가져오는 게 아닙니다. 다음 손님을 데려오고, 그 손님이 또 다음 손님을 데려옵니다. 한 명의 단골이 만드는 건 '매출'이 아니라 '흐름'입니다. 그리고 이 흐름이 바로 고객 방문 설계 6단계에서 S(Share)가 다시 T(Trigger)로 순환하는 구조, 이 책이 처음부터 말씀드린 그 고리입니다.

핵심은 여기에 있습니다. 방문 횟수가 4회에서 5회로 늘면 매출이 25% 증가합니다. 6회로 늘면 50% 증가입니다. 신규 고객 한 명을 더 데려오는 것보다, 기존 고객이 한 번 더 오게 만드는 게 훨씬 쉽고 비용도 적습니다.

그렇다면 어떻게 재방문을 만들 수 있을까요? 여기서 훅 모델(Hooked Model)이 등장합니다. 행동경제학자 니르 이얄(Nir Eyal)이 제시한 프레임워크인데, 자영업의 재방문 구조에 놀라운 정도로 정확하게 들어맞습니다.

4단계로 이루어진 순환 구조입니다.

트리거(다시 떠오르게 만들기) → **행동**(방문 걸림돌을 없애기) →

가변적 보상(갈 때마다 다른 만족) → **투자**(쌓이는 것이 생기게 만들기)

이 순환을 한 바퀴 돌 때마다 고객과 우리 가게 사이의 연결은 더 강해집니다. 여러 바퀴를 돌고 나면, 고객은 '거기 갈까 말까'

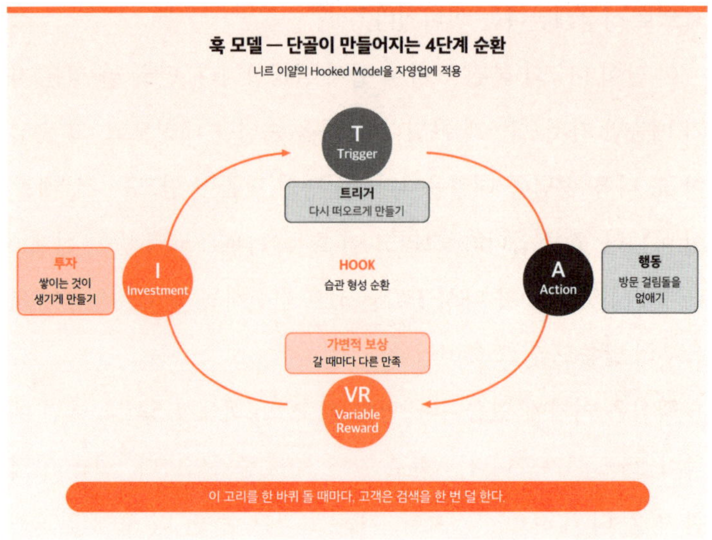

를 판단하지 않습니다. 그냥 갑니다. 습관이 된 겁니다.

고객 방문 설계 6단계가 '어떻게 우리 가게에 오게 만들 것인가'의 답이라면, 훅 모델은 '어떻게 계속 오게 만들 것인가'의 답입니다. 첫 전환은 노출과 신뢰의 싸움이지만, 재방문은 습관과 감정의 싸움입니다. PART 5에서는 이 훅 모델의 각 단계를 하나씩 풀어드리겠습니다. 15장에서 트리거와 감정 설계를, 16장에서 행동·보상·투자를 다룹니다.

그 전에 먼저, 많은 사장님들이 모르는 강력한 도구 하나를 짚겠습니다. 바로 리뷰의 이중 효과입니다.

리뷰는 새로운 고객을 끌어오는 장치일 뿐 아니라, 리뷰를 쓴 고객 자신의 재방문율을 높이는 장치이기도 합니다. 왜냐하면 고객이 시간을 들여 리뷰를 쓰는 순간, 심리적으로 그 가게에 '투자'를 한 셈이 되기 때문입니다. 자기가 추천한 가게에 다시 가는 건 자연스러운 심리죠.

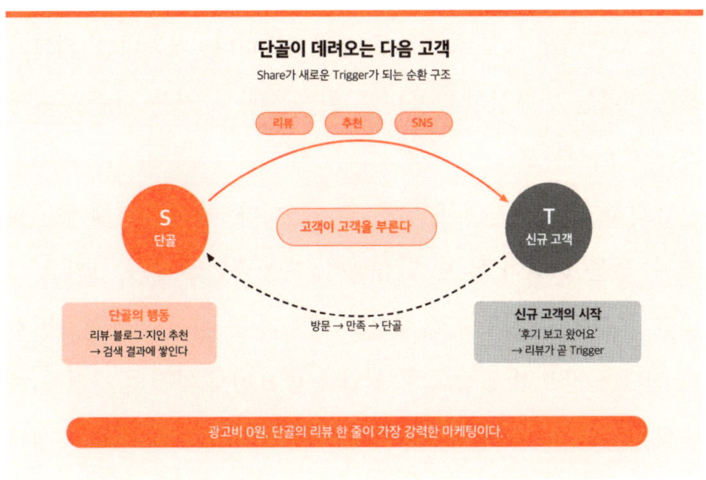

이것이 마로 S→T 순환입니다. 고객이 경험을 공유(Share)하면, 그 리뷰가 다음 고객의 방문 계기(Trigger)가 됩니다. 동시에, 리뷰를 쓴 고객 본인도 다시 돌아옵니다. 하나의 리뷰가 신규 유입과 재방문을 동시에 만드는 구조. 이게 단골 시스템의 출발점입니다.

사례 증명: 내돈내산 블로그리뷰의 중요성

메인 사례 — 아름포미 퍼스널컬러(뷰티숍, 인천·부천)

아름포미는 인천에서 퍼스널컬러 진단 서비스를 운영하는 매장입니다. 사장님은 원래 미용고등학교 교사 출신으로, 직접 고객을 꾸며주는 일이 더 맞는다고 판단해 창업했습니다.

이 사장님이 한 일 중 가장 눈여겨볼 것은 내돈내산 리뷰 전략입니다. 체험단에 무료로 서비스를 제공하는 대신, 실제 돈을 내고 온 고객에게 블로그 리뷰를 부탁했습니다. '내돈내산' 태그가 붙은 리뷰는 진정성이 다릅니다. 읽는 사람도, 쓰는 사람도 진짜라는 걸 아니까요.

단순히 리뷰 숫자만 올라간 게 아닙니다. 이 사장님에게는 잊을 수 없는 고객이 한 명 있습니다. 우울증으로 힘든 시기를 보내던 고객이 '마지막으로 뭐라도 해보자'는 심정으로 퍼스널컬러 진단을 받으러 왔습니다. 진단을 받으면서 자신의 장점을 하나씩 발견했고, 자기 자신을 다시 사랑하기 시작했습니다. 6개월 뒤, 그 고객이 연락을 해왔습니다. 인테리어 디자인 일을 시작했다고. 이 사장님이 단골을 만드는 건 기술이 아니라, 고객의 삶에 진짜 변화를 만들어주기 때문입니다.

결과는 어땠을까요? 인천·부천 퍼스널컬러 1위를 2개월 만에 달성. 1호점의 성공 원리를 이해하니 2호점 확장까지 자신 있게 밀어붙였고, 3호점까지 냈습니다. 체크리스트 6종(국가자격증, 피부측색기, 조명, 실무경험, 다양한 화장품, 몰린 서비스)을 플레이스에 명시해서 고객이 예약하지 않을 수 없는 구조도 만들었습니다. 사장님은 이렇게 말했습니다. '성공과 실패의 차이는 실행력에 있어요. 소설책 읽듯 덮어버리면 의미가 없어요. 한 페이지 한 페이

지 써먹어야 합니다.'

아름포미 퍼스널컬러 노하우가 궁금하다면?

지금 바로 시작할 수 있는 것들입니다.

- **내 매장의 LTV를 계산해보세요.** 평균 객단가 × 예상 방문 빈도 × 유지 기간. 계산기로 5분이면 됩니다. 이 숫자가 마케팅 예산의 기준점입니다.

- **리뷰와 재방문을 연결하는 장치를 1개 만드세요.** 리뷰 작성 시 다음 방문 할인권, 뽑기 이벤트(다음 방문시 사용 가능한) — 형태는 자유입니다. 리뷰를 쓴 고객이 다시 올 이유를 만들어주세요.

- 이번 주 고객 3명에게 블로그 내돈내산 리뷰를 요청하세요. 그리고, 다음 방문시 특별한 서비스를 약속하세요. 리뷰와 재방문이 동시에 시작됩니다.

📝 한 줄 정리

'신규 고객은 매출을 만들고 재방문 고객은 이익을 만든다.'

단골 시스템이 없으면 광고는 '지출'로 남고, 단골 시스템이 있으면 광고는 '투자'가 됩니다. 15장에서는 이 재방문율을 더 높일 수 있는 고객 응대 전략 — 멤버십, 피크엔드 전략 — 을 다루겠습니다.

15장.
멤버십과 피크엔드 법칙으로
재방문 설계하기

1. 서비스가 좋은데 왜 안 돌아올까

사장님, 14장에서 단골의 가치를 숫자로 확인하셨습니다. 이번 장에서는 그 단골을 실제로 만드는 구체적인 설계법을 다룹니다. 어렵지 않습니다. 매장에서 이미 하고 계신 일에 장치 하나를 더하는 것뿐입니다.

이런 경험 있으신가요?

서비스도 잘했고, 음식도 맛있었고, 고객도 웃으면서 나갔습니다. 그런데 다시 오지 않습니다. 리뷰를 봐도 '맛있었어요', '친절했어요' 같은 좋은 말뿐입니다. 그런데 정작 재방문은 없습니다.

이쯤 되면 사장님은 이렇게 생각하게 됩니다. '내가 뭘 더 해야 하지?' 혹은 '우리 가게는 뭐가 부족한 거지?'

사실 부족한 게 아닙니다. 서비스 품질과 재방문은 완전히 다른 문제입니다. 맛있는 건 당연하고, 친절한 건 기본입니다. 고객은 '좋았던 가게'는 수십 곳을 알고 있어요. 문제는 그중에서 '다시 가야지'라고 떠올리는 가게가 되느냐입니다.

14장에서는 단골과 신규고객의 수익차이에 대해 설명해드렸습니다. 이번 장은 그 단골을 만드는 구체적인 설계법입니다. '좋은 서비스를 했으니 다시 오겠지'라는 기대 대신, 고객이 다시 올 수밖에 없는 구조를 만드는 겁니다.

2. '서비스만 잘하면 된다'는 착각

사장님들이 가장 많이 하시는 오해가 두 가지 있습니다.

첫 번째: '좋은 서비스를 하면 고객이 알아서 다시 온다.'

안타깝지만, 그렇지 않습니다. 고객의 하루에는 수백 개의 정보가 쏟아집니다. 어제 맛있게 먹은 가게 이름을 오늘 기억 못 하는 게 정상이에요. 서비스가 '전체적으로 좋았다'는 기억은 빠르게 흐려집니다. 고객의 머릿속에 남는 건 전체 경험이 아니라, 유독 강렬했던 한 순간입니다.

두 번째: '멤버십은 스타벅스 같은 대형 브랜드나 하는 거 아닌가요?'

도장 카드 한 장이면 충분합니다. 스타벅스의 별 적립이나 백화점의 VIP 등급제만 멤버십이 아닙니다. 사장님 가게에 맞는 작은 장치 하나면 됩니다. 핵심은 시스템의 크기가 아니라, '다시 와야 할 이유'를 만들어주느냐입니다.

3. 피크엔드 법칙 — 고객은 두 순간만 기억한다

재방문을 설계하려면 먼저 고객이 가게를 어떻게 기억하는지를 알아야 합니다.

심리학에서 말하는 '피크엔드 법칙'은 간단합니다. 사람은 어떤 경험을 할 때, 그 경험의 전체 평균이 아니라 가장 강렬했던 순간(Peak)과 마지막 순간(End), 이 두 가지로 전체를 판단합니다.

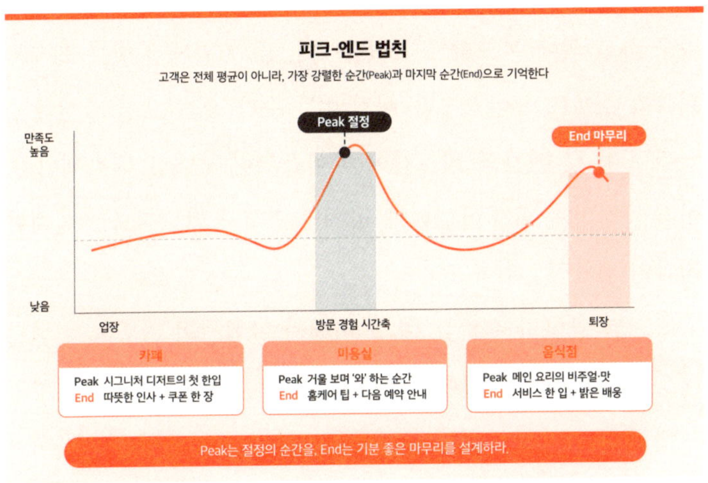

반대로 모든 게 80점짜리 무난한 경험이면, 기억에 남는 순간 자체가 없습니다. Peak과 End를 의도적으로 설계하지 않으면, 고객에겐 '나쁘진 않았는데 딱히 기억나는 건 없는 가게'가 됩니

다. 그리고 기억에 없는 가게에는 다시 가지 않습니다.

특히, 피크는 다른 곳에서 경험하기 힘든 절정의 순간을 만들어주는 느낌이지만, 엔드는 고객을 기분 좋게 보낸다는 느낌으로 접근하는 것을 추천드립니다.

피크엔드 법칙이 실제로 작동하는 사례들

이 법칙을 피부로 느끼기 위해, 전혀 다른 두 곳의 사례를 먼저 보겠습니다.

이케아의 1,000원짜리 핫도그. 이케아를 가보신 분은 아실 겁니다. 몇 시간 동안 거대한 매장을 돌아다니면 지칩니다. 그런데 출구 바로 옆에 푸드코트가 있습니다. 1,000원짜리 핫도그, 700원짜리 소프트 아이스크림. 이걸 먹는 순간 '오늘 오길 잘했다'고 느낍니다. 몇 시간의 피로감이 아이스크림 하나로 해소됩니다. 이건 가격의 문제가 아닙니다. 마지막 경험을 의도적으로 설계한 결과입니다.

휴스턴 공항의 수하물 대기. 비행기 안에서의 경험은 편했는데, 도착 후 수하물 앞에서 30분을 멍하니 서서 기다리면? 항공사에 대한 기억이 통째로 부정적으로 바뀝니다. 공항은 컨베이어 속도를 높이는 대신, 비행기에서 수하물 찾는 곳까지 걷는 거리를 6배 늘렸습니다. 짐이 나오는 시간은 동일합니다. 하지만 가만히 서서 기다리는 시간이 줄었고, 고객 불만이 거의 사라졌습니다. 마지막 순간의 감정만 바꿨을 뿐인데, 전체 평가가 바뀐 겁니다.

핵심을 한 줄로 줄이면 이겁니다. 한 시간 내내 완벽하게 만들려고 애쓰는 것이 아니라, 결정적인 장면 하나(피크)와 마지막 엔딩 하나(엔드)를 제대로 만드는 것.

피크를 설계하는 법

피크는 거창할 필요가 없습니다. 고객이 기대한 것보다 '조금 더'인 순간이면 됩니다. 기대가 100이었는데 120을 경험하는 그 갭에서 감정이 올라갑니다.

방법 1: 눈앞에서 보여주기. 치즈가 들어가는 음식이 있다면, 주방에서 뿌려서 나가는 대신 손님 앞에서 직접 뿌려주세요. 같은 음식인데, 눈앞에서 치즈가 흘러내리는 걸 보는 순간 감정이 올라갑니다. 불을 붙이는 디저트, 소스를 뿌리는 퍼포먼스, 음식의 맛은 같아도, '보는 경험'이 피크를 만듭니다.

방법 2: 특별한 그릇 하나. 전체 메뉴를 다 특별하게 만들 필요 없습니다. 시그니처 메뉴 딱 하나만, 다른 메뉴와 확실히 다른 그릇에 담아 내세요. 그 하나의 비주얼이 전체 방문의 기억을 결정합니다.

방법 3: 한정 수량의 힘. 시그니처 메뉴를 하루 다섯 개 한정으로 판매하면, 그 메뉴를 주문했다는 것만으로도 피크가 됩니다. 한정 수량은 메뉴의 가치를 올리는 동시에, 다음 방문의 트리거까지 만들어줍니다. '다음에 가면 꼭 그거 먹어야지.'

뷰티숍의 피크: 시술이 끝나고 거울을 보는데 '이거 잘 됐다' 싶은 순간, 원장님이 내 취향을 정확히 파악해서 제안하는 순간입니다.

엔드를 설계하는 법

엔드는 고객이 가게를 떠나는 바로 그 순간입니다. 여기서 핵심을 짚겠습니다. 비싼 것을 주는 게 목적이 아닙니다. 나갈 때의 감정을 설계하는 것이 목적입니다.

계산하고 나가는 손님을 문밖까지 배웅하세요. 이 한 동작이 전체 경험의 엔딩을 바꿉니다.

가게 특제 양념이나 소스를 소포장해서 '라면 끓일 때 하나 넣어보세요' 하며 건네세요. 원가는 얼마 안 되지만, 받는 순간의 감정은 큽니다.

계산할 때 '오늘 맛있게 드셨어요?' 한마디. 이 질문이 고객에게 '맛있었다'를 한 번 더 인식하게 만듭니다.

비가 오는 날에는 '우산 있으세요?' 한마디가 고객의 감동을 만듭니다.

반대로, 엔드를 망치는 순간도 있습니다. 계산할 때 무뚝뚝하게 금액만 말하는 것, 나가는 고객을 아무도 신경 쓰지 않는 것, 마지막에 예상 못한 추가 요금이 붙는 것. 음식이 맛있었어도 계산 때 불쾌하면 '거기 다시 안 가'가 됩니다. 서비스 중간에 작은 실수가 있어도, 마지막이 따뜻하면 전체 경험은 좋게 기억됩니다.

동탄 피부·체형관리 원장님의 엔드 설계

엔드 법칙을 가장 잘 적용하고 있는 실제 사례를 하나 소개하겠습니다.

동탄에서 마사지로 유명한 피부·체형관리 원장님이 계십니다. 이 원장님은 관리가 끝나기 5분 전, 마지막을 항상 목 마사지로 마무리합니다. 한 시간 동안 어떤 관리를 받았든, 마지막 5분의 목 마사지가 끝났을 때 느끼는 시원하고 개운한 감각. 이것이 전체 관리 경험의 기억을 지배합니다.

거창한 것이 아닙니다. 마지막 5분의 순서를 바꾼 것뿐입니다. 그런데 재방문이 끊이지 않습니다. 마지막 감정이 '개운하다, 좋다'로 끝나니 만족도가 높아지고, 주변에 추천도 합니다. '거기 진짜 좋아, 마지막에 목 풀어주는데 진짜 개운해.' 이 한마디가 새로운 고객의 트리거가 됩니다.

피크엔드가 만드는 내부 트리거

피크와 엔드가 만든 감정 기억은 고객의 내부에 저장됩니다.

비슷한 감정이나 상황을 만나면, 그 기억이 다시 올라옵니다. '오늘 좀 지친다' → 그 카페가 떠오름. '손톱이 신경 쓰인다' → 지난번에 기분 좋게 해준 그 네일숍이 떠오름.

이것이 내부 트리거의 작동 방식입니다. 외부에서 아무 메시지가 없어도, 고객 스스로의 감정에서 우리 가게가 자동으로 떠오르는 것. 이 상태가 되면 광고비 0원에 재방문이 일어납니다.

흐름을 정리하면 이렇습니다. 매장 방문 → 피크 순간에 강한 긍정 감정 → 마지막에 따뜻한 마무리 → 감정이 기억에 저장 → 이후 비슷한 상황에서 자동으로 떠오름 = 내부 트리거 형성

그러니 고객 응대 전략은 단순히 '친절'의 문제가 아닙니다. 친절은 기본값이고, 피크와 엔드를 의도적으로 설계하는 것이 내부 트리거를 만드는 전략입니다.

피크엔드의 숨은 효과 — SNS 바이럴

피크엔드 법칙은 SNS 시대에 더욱 강력해졌습니다. 피크 순간을 제대로 만들면, 손님이 알아서 폰을 꺼내 찍고, 올리고, 퍼뜨립니다. 광고비 없이 일어나는 바이럴입니다. 손바닥만 한 대왕초밥의 한 장면이 인스타그램 릴스에서 수백만 조회수를 기록한 사례가 있습니다. 전체 메뉴가 다 특별한 게 아닙니다. 한 장면이 강렬했을 뿐입니다.

피크가 강렬하면 S(Share)가 자연스럽게 일어나고, 그 공유가 새로운 고객의 T(Trigger)가 됩니다. 피크 설계는 단골을 만드는

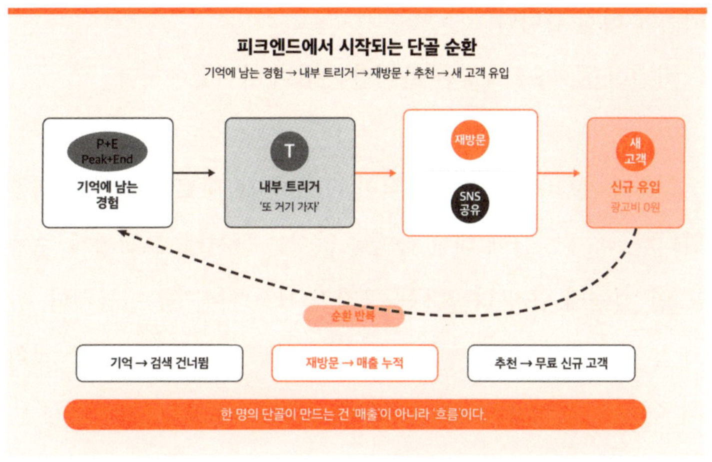

동시에 신규 고객까지 끌어오는 이중 효과를 가집니다.

4. 사례로 보는 피크엔드 설계

바스버거 — 잔반 한 접시에서 시작된 월매출 1억의 비밀

여의도에 있는 수제버거 프랜차이즈 바스버거. 직영 4개, 가맹 18개, 총 22개 매장을 운영하는 이 브랜드의 월매출은 1억 원, 마진율은 30%대를 유지하고 있습니다.

하지만 처음부터 순탄했던 건 아닙니다. 광화문 1호점은 오픈 직후 건물 공사 가림막에 가려져 1년간 매장이 밖에서 보이지 않았습니다. 매달 임대료는 나가는데 매출은 바닥이었습니다. 사장님은 그 기간 동안 직접 자전거를 타고 주변에 배달을 돌리고, 전단지를 뿌렸습니다. 1년 뒤 가림막이 걷힌 그 달, 월매출 1억을 달성했습니다. 가림막 뒤에서 1년간 쌓아온 고객 경험 설계가 한

꺼번에 터진 겁니다.

비결이 뭘까요? 특별한 마케팅 기법이 아니었습니다.

피크 설계: 바스버거는 음식이 나오기 전, 무료 감자칩을 제공합니다. 대기 시간에 대한 불만을 없애는 동시에, 고객에게 '주문도 안 했는데 뭔가 나왔다'는 긍정적 서프라이즈를 만듭니다. 원가 부담이 있었지만, 사장님은 고객의 경험을 좋게 만드는 것이 더 중요하다고 판단했습니다.

엔드 설계: 바스버거는 외식업의 강점을 활용합니다. 잔반 확인이나 가벼운 대화를 통해 고객 반응을 바로 파악할 수 있다는 점입니다. 여기에 더해 주기적으로 QR코드 설문조사를 진행해 고객 피드백을 체계적으로 수집합니다. 수집된 피드백 중 빠르게 수정하거나 개선이 필요하다고 판단되는 부분은 우선순위를 정해 반영합니다. 단, 모든 피드백을 수용하지는 않습니다. '간이 너무 안 되어 있다'는 의견처럼 브랜드 정체성과 맞지 않는 피드백은 걸러냅니다. 바스버거는 덜 자극적이고 담백한 버거를 추구합니다. 그 색깔을 지키면서, 개선할 건 빠르게 개선하는 겁니다. 이 판단 기준이 있기 때문에 피드백이 흔들림이 아니라 성장이 됩니다.

바스버거 사장님의 말이 인상적입니다. '성공은 거창한 비법이 아니라, 작은 것 하나하나를 꾸준히 쌓아가는 데서 온다.' 무료

감자칩 한 접시, 잔반 확인 한마디, QR 설문 한 장. 하나하나는 사소하지만, 이것들이 모여 고객의 기억 속에 '또 가고 싶은 가게' 를 만들었습니다.

5. 멤버십 — 다시 올 이유를 만드는 세 가지 형태

피크엔드로 기억에 남는 가게가 됐다면, 이제 다시 와야 할 구체적인 이유를 만들어야 합니다. 그게 멤버십입니다.

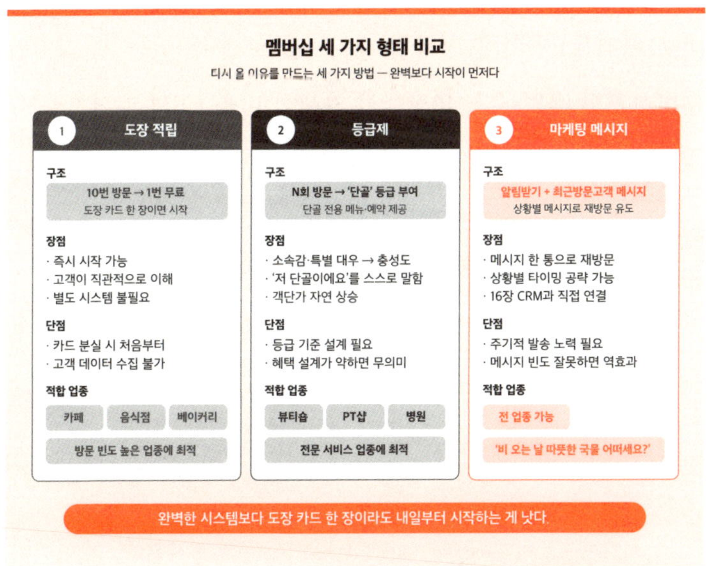

도장 적립: 가장 단순하고 비용이 적습니다. 10번 방문하면 1번 무료. 카페, 음식점 등 방문 빈도가 높은 업종에 적합합니다. 도장 카드 한 장이면 시작할 수 있습니다.

등급제: N회 방문하면 '단골' 등급을 부여하고, 단골에게만 제공하는 메뉴나 혜택을 만듭니다. 뷰티숍이나 전문 서비스 업종에 잘 맞습니다. '사장님, 저 단골이에요'라는 말을 고객 스스로 하게 만드는 구조입니다.

마케팅메시지: 플레이스 쿠폰의 알림받기를 활용해 마케팅 메시지를 보냅니다. 초기 세팅에 시간이 들지만, 한 번 구축하면 메시지 한 통으로 재방문을 유도할 수 있습니다. '비 오는 날 따뜻한 국물 어떠세요?' 같은 상황별 메시지를 보낼 수 있는 게 디지털 멤버십의 강점입니다. 16장에서 자세히 다룰 CRM 메시지와 직접 연결됩니다.

세 가지 중 뭘 선택하든 괜찮습니다. 중요한 건 오늘 하나를 시작하는 것입니다. 완벽한 시스템을 만들겠다고 미루는 것보다, 도장 카드 한 장이라도 내일부터 쓰는 게 낫습니다.

지금 바로 시작할 수 있는 네 가지입니다.

- 사장님 가게의 피크(절정의 순간)는 어떤게 준비되어 있는지 체크해보세요. 없다면 딱 한 순간만 와우포인트를 만들어보세요.

- 고객이 가게를 떠나는 마지막 순간에 제공할 장치를 1개 만드세요. 재방문 쿠폰, 계산서를 줄 때 함께 제공되는 수제초콜릿, 배웅…. '마지막 인상'이 재방문을 결정합니다.

- 멤버십 형태를 하나 고르세요. 도장 적립(카페·음식점), 등급제(뷰티숍·전문 서비스), 알림받기(톡톡 활용). 완벽하게 만들려고 미루지 마세요. 도장 카드 한 장이면 내일부터 시작할 수 있습니다.

- Peak과 End를 정했다면, 직원들과 공유하세요. 사장님만 아는 전략은 매장에서 삭동하지 않습니다.

📝 **한 줄 정리**

**'고객은 전체가 아니라 '가장 좋았던 순간'과
'마지막 순간'으로 가게를 기억한다. 그 두 순간을 설계하라.'**

이번 장에서 매장 안에서의 경험을 설계했다면, 다음 16장에서는 매장 밖에서 고객을 다시 불러오는 방법, CRM 메시지 전략을 다루겠습니다.

16장.
0원짜리 메시지로
트리거를 만들어라

매장 밖에서 사라지는 고객

사장님, 거의 다 왔습니다. 이번 장은 PART 5의 마지막 퍼즐입니다. 비용 0원으로 고객을 다시 부르는 방법, 어렵지 않습니다.

한 가지 불편한 질문을 드리겠습니다.

지난달 사장님 가게에 처음 온 고객 중, 이번 달 다시 온 고객이 몇 명인지 아시나요? 대부분의 사장님이 이 숫자를 모릅니다. 그리고 대부분의 경우, 그 숫자는 사장님이 생각하는 것보다 훨씬 적습니다.

15장까지 매장 안에서 고객의 마지막 순간을 설계하셨습니다. 피크엔드 법칙으로 강렬한 마무리를 남기고, 적립과 다음 방문 쿠폰으로 재방문의 씨앗을 심었습니다.

그런데 현실은 잔인합니다. 고객이 문을 나서는 순간, 사장님 가게는 기억 속에서 천천히 지워집니다. 하루 뒤엔 가게 이름이 가물가물하고, 일주일 뒤엔 '거기 뭐 먹었더라?' 수준이 됩니다. 한 달 뒤엔 아예 떠오르지 않습니다. 그 사이 고객의 검색창엔 다른 가게가 채워집니다. 아무리 맛이 좋았어도, 시술이 완벽했어도, 기억에서 사라지면 재방문은 없습니다.

매출 공식은 단순합니다. 신규 고객을 늘리거나, 객단가를 올리거나, 방문 빈도를 높이는 것뿐입니다. 그중 가장 비용이 적게 드는 건? 기존 고객이 한 번 더 오게 만드는 겁니다. 1년에 4번 오던 고객이 5번 오면 매출 25% 증가. 신규 한 명을 데려오는 것보다, 기존 고객 한 번 더 모시는 게 훨씬 쉽고 싸고 확실합니다.

매출 증대 공식			
방법	설명	비용/효율	핵심 특징
신규 고객 증가	새로운 고객을 유입시켜 매출 확대	비용 높음, 난이도 높음	불확실성 존재
객단가 상승	한 번 방문 시 구매 금액 증가	중간 수준	가격 전략 및 업셀링 필요
방문 빈도 증가	기존 고객이 더 자주 방문하도록 유도	비용 낮음, 가장 효율적	안정적인 매출 상승

문제는, 고객이 '한 번 더' 오려면 사장님 가게를 다시 떠올려야 한다는 겁니다. 15장에서 매장 안의 기억을 설계했다면, 이번 장은 매장 밖에서 그 기억을 되살리는 장치를 만드는 겁니다. 그

트리거를 누가 만들어줄까요? 고객이 알아서? 아닙니다. 사장님이 직접 만들어야 합니다. 그리고 그 도구는 놀랍도록 싸고 간단합니다.

'메시지 보내면 스팸 아닌가요?'

여기서 대부분의 사장님이 멈춥니다. '고객한테 메시지 보내면 귀찮아하지 않을까요?', 'CRM이요? 그거 대기업이나 하는 거 아닙니까?'

두 가지 다 오해입니다.

첫째, 고객이 싫어하는 건 메시지 자체가 아니라 쓸모없는 메시지입니다. 매일 똑같은 '할인합니다' 문자가 오면 짜증이 나죠. 하지만 '2026 봄 트렌드 헤어 BEST 3'라는 문구를 받으면 어떤가요? 귀찮기는커녕, '아, 나도 이런 스타일로 바꿔볼까?' 하는 생각이 들고 예약을 잡습니다. 내 상황에 맞는 메시지는 스팸이 아니라 서비스입니다. 알림 받기를 누른 고객은 이미 사장님 가게에 관심을 표현한 사람입니다. 그 사람에게 유용한 정보를 보내는 건 민폐가 아니라 배려입니다.

둘째, CRM은 거창한 시스템이 아닙니다. 톡톡 하나면 됩니다. 고객 목록이 있고, 메시지를 보낼 수 있고, 쿠폰을 첨부할 수 있습니다. 매월 몇만 원씩 돈 내고 쓸 필요가 없습니다. 이미 사장님 손안에 CRM이 있는 겁니다.

15장에서 피크엔드가 고객의 머릿속에 내부 트리거를 심는 방법이라고 했습니다. 내부 트리거는 강력하지만, 형성되기까지 시간이 걸립니다. 그 사이에 고객이 잊어버리지 않도록, 사장님이 직접 만들어야 하는 것이 외부 트리거입니다.

외부 트리거 중 가장 먼저 시작해야 할 것은 톡톡 마케팅 메시지입니다. 이유는 세 가지입니다. 첫째, 공짜입니다. 네이버가 매월 메시지 전송 가능 수를 무료로 충전해 줍니다(단, 알림받기 고객 수와 최근 방문 고객수만큼 무료 충전이 되고, 추가로 발송하려면 건당 10원의 비용이 발생합니다). 둘째, 플레이스와 직접 연결되어 있어 별도 앱이나 가입이 필요 없습니다. 셋째, 혜택알림받기한 고객과 최근 방문 고객 모두 발송이 가능합니다.

톡톡 외에도 카카오 채널 메시지, 문자(시술 주기가 있는 뷰티숍에 효과적), 인스타그램 콘텐츠, 매장 내 쿠폰·스탬프 카드도 외부 트리거가 됩니다. 하지만 채널을 여러 개 운영할 여력이 없다면, 톡톡부터 시작하세요. 무료이고, 이미 플레이스를 운영하고 계시니 추가 세팅이 거의 필요 없습니다.

어떤 채널을 쓰든 원칙은 같습니다. 양이 아니라 타이밍입니다. 매일 보내면 차단당합니다. 고객이 방문을 결정하는 시점에 딱 한 번 보내는 것이 효과적입니다. 점심 손님이 많으면 오전 11시, 데이트 고객이 많으면 금요일 오전. 내 가게 손님이 방문 결정을 많이 하는 시점에 발송해야 합니다.

트리거가 작동해서 고객 머릿속에 우리 가게가 떠올랐습니다. 그런데 실제로 다시 오려면, 행동이 쉬워야 합니다. '가고 싶다'는 마음이 들어도 행동이 어려우면 재방문은 일어나지 않습니다.

'영업시간이 몇 시까지더라?', '예약 안 하면 자리 있을까?', '전화해서 물어봐야 하나?' 이 마찰 하나하나가 '일단 다음에'로 미루게 만듭니다.

여기서 플레이스가 다시 등장합니다. 고객 방문 설계 6단계에서 플레이스는 '처음 발견하게 만드는 도구'였다면, 여기서는 '다시 가기 쉽게 만드는 도구'입니다. 영업시간·브레이크타임이 정확하게 업데이트되어 있으면 마찰이 사라집니다. 네이버 예약이 연결되어 있으면 전화 안 해도 클릭 몇 번에 예약이 끝납니다. 주차 정보, 키즈존 여부가 표기되어 있으면 '거기 주차 되나?' 마찰이 사라집니다. 고객이 전화해서 물어볼 항목이 없도록 만드는 것이 핵심입니다.

메시지 설계 — 행동의 마찰을 줄이는 네 가지 원칙

톡톡 메시지를 보낼 때 많은 사장님들이 실수하는 게 있습니다. 메시지를 보내는 것(트리거)까지만 생각하고, 그 다음을 설계하지 않는 겁니다. '고객이 이 메시지를 보고, 어떤 행동을 해야 하는가?' 이 질문이 핵심입니다.

1. 선택을 제거하세요. '쿠폰 다운로드 → 사용 조건 확인 → 직원에게 말하기' 세 단계가 아니라, '이 메시지 보여주세요' 한 단계로 줄이세요. 고객에게 선택지를 주는 것은 친절이 아니라 고민을 주는 겁니다.

2. 기억 부담을 제거하세요. '5월 1일 ~ 15일까지 방문 시 샐러드 무료 서비스 (평일 방문시/15,000원이상 주문시/테이블당 1매 한정)' 대신 '평일 샐러드 100% 공짜'로 바꾸세요. 복잡하면, 고객은 기억하지 않습니다.

3. 클릭 한 번으로 끝나게 하세요. 톡톡에서 버튼 하나 누르면 쿠폰이 자동 발급되는 구조. 고객이 해야 할 행동이 '손가락 한 번 티치'로 줄어듭니다.

4. 행동을 즉시 가능하게 하세요. '5월 사용 가능' 대신 '당일만 사용 가능'으로 바꾸세요. '지금'이라는 단어가 행동의 긴급성을 만듭니다.

0원짜리 메시지로 방문 확률을 높이는 방법

이 원칙들을 이해하셨다면, 실제 메시지를 어떻게 만드는지 보겠습니다. 먼저, 고객 DB부터 확보해야 합니다. 플레이스 쿠폰을 걸어두세요. 쿠폰의 진짜 목적은 할인이 아닙니다. 알림 받기를 누르게 만드는 도구입니다. 고객이 쿠폰을 받으면 자동으로 알림 받기가 설정되고, 그 순간 사장님의 마케팅 메시지를 받을 수 있는 고객 DB가 한 명 늘어납니다. 그러니 쿠폰은 매력적이어야 합니다. 10% 할인? 약합니다. '디저트 100% 무료'처럼, 안 누르면 손해인 느낌을 줘야 합니다.

DB가 쌓였으면, 이제 메시지를 보냅니다. 한 달에 딱 3번만 보내면 됩니다. 순서는 상관 없습니다.

1단계: 고객이 관심 가질 만한 정보 제공.

고객이 흥미를 느낄 유용한 정보를 보냅니다.

미용실 → '비건 헤어 제품이 중요한 이유'

헬스장 → '10분 투자해서 뱃살 빼는 방법'

블로그 링크를 활용하면 전문성을 보여주면서 콘텐츠를 재활용할 수 있습니다

2단계: 매장 소식 전달.

매장의 변화나 시즌 소식을 알립니다.

원데이 클래스, 명절 휴무, 신메뉴 출시, 인테리어 변경, 근처 축제 정보 등

시즌 메뉴 출시 3일 전 이 메시지를 받은 고객에게 미리 주문이 가능하고, 주문시 10% 추가할인을 해주는 이벤트도 기획 가능합니다. 신메뉴 출시 전 항상 같은 메시지를 보내면 고객 입장

에서는 대우 받는다는 느낌을 받게 됩니다.

3단계: 실제 방문을 유도하는 이벤트 홍보.

고객이 직접 매장에 오게 만드는 이벤트를 보냅니다.

모닝 커피 할인, 기존 고객 혜택, 신메뉴 50% 할인 또는 1+1 이벤트, 3만 원 상당 두피케어 무료

빈 시간대에 보낼 수도 있습니다. '오늘 오후 2시부터 선착순 10분께 아메리카노 1+1' 희소성이 행동을 만듭니다.

주 1회든 월 3회든, 일정한 주기를 정하고 지키세요.

메시지 작성 공식도 있습니다. 제목은 3초 안에 읽히게, 본문은 5줄 이내, 행동 유도(CTA)는 딱 1개, 특전은 구체적으로. '당일 방문시 삼겹살 1인분 공짜'처럼 고객이 얻는 것을 명확히 쓰세요.

메시지 하나로 매출이 바뀐 가게들

미용실, 600명에게 메시지 하나. 한 미용실 원장님이 톡톡 알림 받기 고객 600명에게 리마인드 메시지를 보냈습니다. '사장님, 머리카락이 자랄 때가 됐어요. 이번 달 10% 할인 쿠폰 드릴게요.' 결과는 19명 재방문. 600명 중 19명이 메시지 하나로 방문했습니다. 더 놀라운 사실이 있는데요.이 중에는 신규고객도 있었다는 거에요. 플레이스 쿠폰을 보면 다운로드수와 실제 이용수를 볼 수 있습니다. 다운로드수보다 이용수가 현저히 적은데요. 그렇다는건 플레이스 쿠폰을 다운로드 받은 고객 중 방문하지 않

은 고객이 있다는거죠. 그런데, 이 고객은 우리 가게 플레이스에 들어와서 쿠폰까지 다운받을 정도로 관심이 많은 고객입니다. 그렇다면, 우리는 이 고객에게 반드시 홍보를 해야겠죠? 방문 확률이 매우 높으니까요.

속눈썹 매장, 1시간 만에 8명. 저에게 컨설팅을 받은 속눈썹 원장님은 마케팅 메시지 발송 전략을 저에게 배우자마자 즉시 발송했습니다. 그랬더니, 당일 8명이 예약을 잡았습니다. 역시 비용은 0원이었습니다.

레스토랑, 명절에 역대급 매출. 제 강의를 듣던 사장님은 마케팅 메시지 수업을 듣고 '연휴에도 영업 한다.' 는 단순한 메시지를 보냈습니다. 그리고, 추석연휴 끝나고 저에게 상기된 얼굴로 마케팅 메시지 보냈더니 이번 연휴에 역대급 매출을 올렸다고 이야기했습니다. 명절에 어디 갈지 고민하던 고객에게, 딱 그 순간 메시지가 도착한 겁니다. 고객 입장에선 스팸이 아니라 반가운 소식이었던 거죠. 시즌 타이밍과 CRM이 만나면, 광고 없이도 폭발력이 생깁니다.

날씨를 트리거로 바꾸는 메시지. 비 오는 날이면 매출이 반 토막 나는 가게가 많습니다. 이때 톡톡으로 '오늘 비 오는 날 한정, 파전 서비스' 같은 메시지를 보내면 어떨까요? 비 때문에 밖에 나가기 싫던 고객에게 '그래도 한 번 가볼까'라는 트리거가 됩니다. 날씨라는 외부 변수를 메시지 하나로 뒤집을 수 있는 겁니다.

재방문 고객은 이미 가게를 아는 사람이기 때문에 전환율이 높습니다. 돈을 거의 들이지 않고도 확실하게 방문시키는 구조, 이게 CRM의 진짜 힘입니다.

숨겨진 효과가 하나 더 있습니다. 메시지를 받은 고객이 플레이스를 클릭하면, 그 클릭이 쌓여 플레이스 인기도가 올라갑니다. 돈 주고 가짜 트래픽을 사는 게 아니라, 진짜 고객의 진짜 클릭으로 순위를 끌어올리는 겁니다. 메시지 하나가 재방문도 만들고, 노출 순위도 올리는 일석이조입니다.

가변적 보상 — 갈 때마다 다른 만족이 있는 곳

매번 같은 '10% 할인'이 보장된 곳은 기대감이 없습니다. 그건 그냥 원래 가격이 10% 낮은 가게일 뿐입니다. 그런데 '올 때마다 뭔가 다른 게 있는' 곳은 기대감이 있습니다. '이번엔 뭐가 있을까?' — 이 질문이 고객의 머릿속에 남아 있으면, 그 자체가 재방문의 동력이 됩니다. 사람의 뇌는 예측 가능한 보상보다 예측 불가능한 보상에 더 강하게 반응합니다.

동네 빵집으로 예를 들겠습니다. A빵집과 B빵집은 둘 다 똑같은 빵 20종을 만듭니다. A빵집은 매일 20종을 전부 진열합니다. B빵집은 15종만 매일 진열하고, 나머지 5종은 하루에 하나씩 돌아가며 '오늘의 빵'으로 내놓습니다. 고객은 '오늘은 뭐가 나왔을까?' 하며 들르게 됩니다. 같은 빵 20종입니다. 품질도, 원가도 동일합니다. 구성만 바꿨을 뿐인데, 고객의 기대감 구조가 완전히 달라집니다.

핵심은 전부를 바꿀 필요가 없다는 겁니다. 전체의 80%는 일관되게 유지하세요. 그것이 신뢰입니다. 나머지 20%만 변화를 주세요. 그것이 기대감입니다.

가변적 보상에는 세 가지가 있습니다.

첫째, 사회적 보상 — 사장님이 얼굴을 알아보고 '어, 오셨어요?' 하는 순간, '이건 단골분들한테만 추천해 드리는 건데요' 같은 특별 대우. 돈이 들지 않지만 가장 강력합니다. 마케팅 메시지로도 얼마든지 할 수 있습니다. 고객님께만 드리는 특별한 혜택으로 신메뉴 출시 전 미리 경험하는 것과 추가 할인을 해주고 메뉴에 대한 피드백을 받는 방법이 있습니다.

알림받기 고객에게 이벤트 메시지를 발송하고 이 메시지를 받은 사람만 받을 수 있는 두피케어, 네일, 회의실 1시간 추가 등 다양한 방식으로 사회적 보상을 제공할 수 있습니다.

둘째, 발견의 보상. 시즌 한정 메뉴, 매주 다른 오늘의 추천, 새로운 인테리어 소품. 이달의 아트 등 '이번엔 뭐가 새로 나왔지?'라는 기대감입니다.

셋째, 자아 보상. '아직 사람들이 잘 모르는데 나는 아는' 숨은 맛집을 발견한 느낌, '거기 내 단골이야'라고 말하는 순간의 자부심입니다.

투자 — 고객이 떠나기 어려운 구조

마지막은 투자입니다. 고객이 우리 가게에 시간, 데이터, 관계, 평판을 쌓을수록, 다른 가게로 떠나기 어려워집니다. 이걸 전환 비용이라고 합니다.

미용실의 예가 가장 뚜렷합니다. 프랜차이즈에서는 갈 때마다 '앞머리는 이렇게, 옆은 이 정도로' 처음부터 설명합니다. 동네 단골 미용실에서는 원장님이 다 기억합니다. 고객은 수년간의 시술 데이터를 이 가게에 투자한 겁니다. 다른 데가 더 싸도, 이 투자를 처음부터 쌓는 게 귀찮아서 안 갑니다.

리뷰도 투자입니다. 리뷰를 작성한 가게, 친구에게 추천한 가게 — 고객은 자기가 공개적으로 칭찬한 곳에 대해 일관성을 유지하려는 심리가 있습니다. '내가 추천한 곳'은 계속 가게 됩니다.

플레이스에서의 투자도 있습니다. 고객이 저장을 누르고, 알림받기도 하고, 리뷰도 적으면 그 자체가 고객의 투지이면서, 동시에 사장님의 외부 트리거 채널이 확보되는 이중 구조입니다.

이것이 고객 방문 설계 6단계와 훅 모델이 맞물리는 지점입니다. 고객 방문 설계 6단계의 마지막 S(Share)에서 고객이 리뷰를 쓰고, 그 리뷰가 훅 모델의 투자가 됩니다. 투자가 쌓이면 다음 트리거가 더 쉽게 작동합니다. 두 모델이 맞물리는 순간, 광고 없이도 매출이 나는 구조가 완성됩니다.

CRM은 완벽하게 준비해서 시작하는 게 아닙니다. 오늘 메시지 하나 보내는 것부터가 CRM입니다.

- 플레이스 쿠폰을 알림받기 전용으로 바꾸세요. 그리고, 톡톡을 열어서 알림받기 고객수를 확인해보세요.

- 템플릿 3개 중 1개를 만들어보세요. 만들었으면 이번 주 고객에게 바로 보내세요.

- 발송 주기를 정하세요. 월 3번이면 1일 11일, 21일도 되고, 매주 1번이면 매주 특정 요일 정하는겁니다.

- 비 오는 날이나 한가한 시간대에 보낼 긴급 프로모션 메시지를 1개 준비해 두세요. 타이밍이 왔을 때 바로 보낼 수 있도록 미리 만들어놓는 게 핵심입니다.

- 매번 같은 할인 대신, 가변적 보상을 1개 도입하세요. 시즌 메뉴, 랜덤 서비스, 오늘의 추천. 예측할 수 없는 작은 변화가 '다음에 또 가볼까'를 만듭니다.

- 매장 내에서 혜택 알림받기와 저장하기, 리뷰 쓰기를 유도하세요. 고객이 투자할수록 떠나기 어려워지고, 사장님의 트리거 채널이 넓어집니다.

★ AI로 5분 만에 하는 방법은 '부록'의
'AI 프롬프트 가이드 QR코드'를 참고해 주세요.

'0원짜리 메시지 한 통이 광고보다 강하다. CRM은 대기업만의 무기가 아니다.'

사장님, 지금까지 PART 5에서 단골을 설계하는 구조를 하나씩 쌓아왔습니다. 매장 안의 경험 설계부터, 매장 밖의 CRM 트리거까지. 17장에서는 이 모든 조각들이 어떻게 플레이스라는 하나의 공간에서 통합되는지 큰 그림을 그려보겠습니다.

Part 6.
플레이스라는
매출 엔진 이해하기

17장.
모든 마케팅의 종착역,
플레이스

사장님, 한 가지 질문을 드리겠습니다.

여기까지 오시면서 노출, 전환, 단골 설계까지 하나씩 쌓아 올리셨습니다. 이미 사진을 바꾸고 리뷰 답글을 달기 시작한 사장님도 계실 겁니다. 그런데 이번 장에서 말씀드릴 것은, 지금까지 배운 모든 것이 실은 하나의 공간을 향해 수렴하고 있었다는 사실입니다.

그런데 한 가지 질문을 드려야 합니다. 지금 사장님 가게에 고객이 오는 경로, 몇 개나 되시나요?

블로그를 직접 운영하고 계신 사장님도 있을 겁니다. 인스타그램을 운영하거나 광고를 진행하는 사장님도 계실 거예요. 틱톡을 직접 하시거나 유튜브 채널로 홍보하시는 사장님도 계시겠죠?

여기서 중요한 걸 하나 짚겠습니다. 그 모든 고객이 최종적으로 확인하는 곳은 어디일까요?

블로그에서 사장님 가게를 발견한 고객, 어떻게 합니까? 가게 이름을 검색합니다. 인스타에서 가게를 본 고객? 역시 검색합니다. 틱톡이든, 유튜브든 어떤 매체를 보던간에 결국 네이버에 가게 이름을 칩니다. 그리고 도착하는 곳은 한 군데입니다. 플레이스입니다.

블로그가 입구고, 인스타가 쇼윈도고, 틱톡이 전단지라면, 플레이스는 사장님의 온라인 가게입니다. 고객이 '여기 갈까 말까'를 결정하는 최종 판단의 장소. 사진을 보고, 리뷰를 읽고, 메뉴를 확인하고, 전화를 걸거나 예약을 누르는 곳. 이 모든 행동이 벌어지는 단 하나의 공간이 플레이스입니다.

'플레이스? 여러 채널 중 하나 아닌가요?'

이 책을 읽으시는 사장님 중에도 이렇게 생각하시는 분이 있을 겁니다. '블로그도 하고, 인스타도 하고, 플레이스도 하고… 여러 개 중 하나 아닌가요?'

아닙니다. 근본적으로 다릅니다.

블로그는 사장님이 쓴 글 하나에 의존합니다. 인스타그램은 사진 한장의 감성이나 릴스 영상의 후킹에 기댑니다. 하지만 플레이스는 다릅니다. 사진, 메뉴, 리뷰, 소개글, 소식, 쿠폰, 예약,

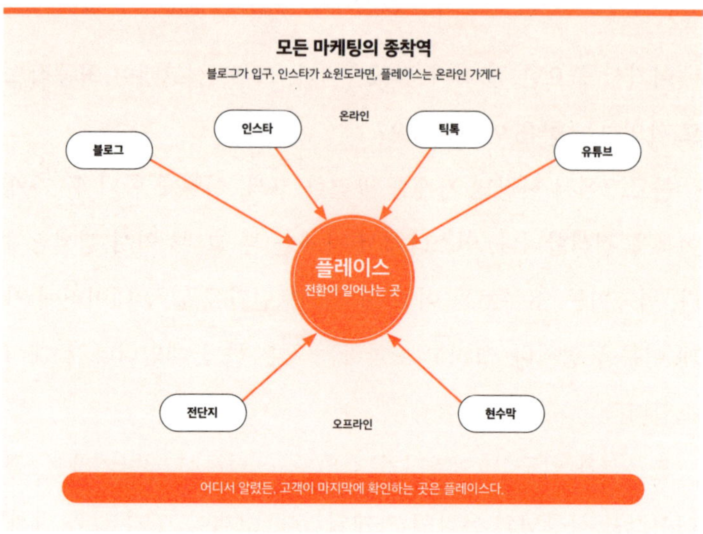

톡톡, 전화. 고객이 '이 가게에 갈 이유'를 판단하는 모든 정보가 한 페이지에 들어 있습니다.

그래서 이렇게 말씀드리는 겁니다. 플레이스는 채널이 아니라, 모든 채널의 종착역입니다.

'그러면 홈페이지를 따로 만들어야 하지 않나요?' 이 질문도 자주 받습니다. 대기업이야 수백 수천만 원 들여서 홈페이지를 만들겠지만, 동네 가게 사장님에게 그런 비용이 현실적입니까? 더 중요한 건, 고객이 그 홈페이지를 보느냐는 겁니다. 고객에게 어떻게 알릴건가요

사장님의 브랜드 홈페이지는 이미 존재합니다. 그것이 바로 플레이스입니다. 검색 노출, 사진, 리뷰, 예약, 전화. 홈페이지에서 해야 할 모든 것이 플레이스 안에 이미 다 있습니다. 별도 홈

페이지를 만들 돈으로 플레이스를 제대로 꾸미세요. 효과는 열 배입니다.

고객 방문 설계 6단계, 결국 다 플레이스에서 만난다

이 책에서 반복해서 말씀드린 고객 방문 설계 6단계(TSCVAS)를 떠올려보세요. 고객의 수요가 발생하고(T), 검색하고(S), 비교하고(C), 검증하고(V), 행동하고(A), 공유합니다(S). 이 여섯 단계 중 플레이스가 관여하지 않는 단계가 있을까요?

Trigger(수요 발생): 고객이 '오늘 뭐 먹지?' 하는 순간, 마케팅메시지 받은 기억과 쿠폰이 트리거 역할을 합니다. 16장에서 배운 마케팅 메시지가 여기서 작동합니다.

Search(검색): 고객이 검색하면, 가장 먼저 보이는 건 플레이스 목록입니다. 7장에서 배운 키워드 전략, 8장에서 배운 작은 성공략법이 여기서 빛을 발합니다.

Compare(비교): 검색 결과에서 고객이 1초 만에 훑어보는 건 대표 사진과, 리뷰 수, 마이크로리뷰(업체 설명 한 줄 문구)입니다. 9장에서 설계한 대표 사진, 10장에서 만든 메인 화면이 여기서 승부를 가릅니다.

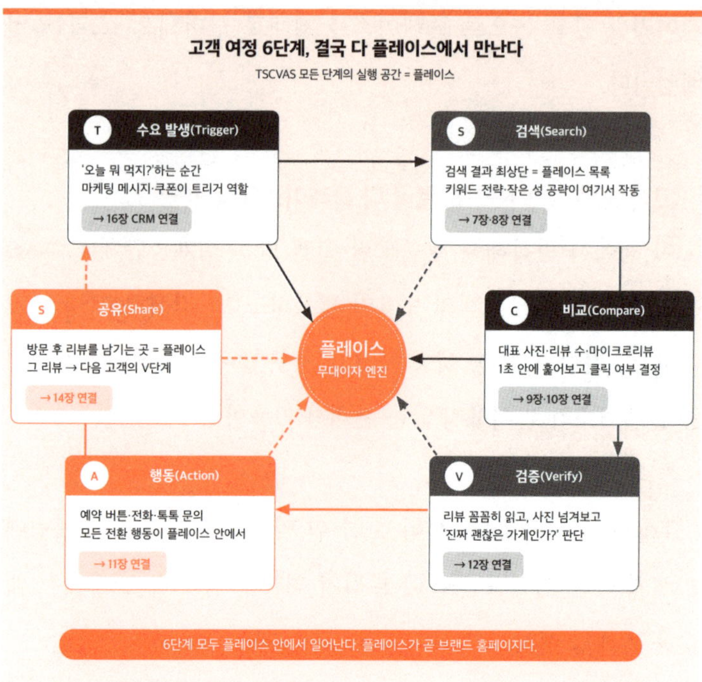

Verify(검증): '진짜 괜찮은 가게인가?' 고객이 리뷰를 꼼꼼히 읽고, 상세설명을 확인하고, 사진을 넘겨봅니다. 12장의 전환율 10단계 전략과 리뷰 전략이 여기서 검증됩니다.

Action(행동): 예약 버튼, 전화 연결, 톡톡 문의. 이 모든 전환 행동이 플레이스 안에서 일어납니다.

Share(공유): 방문 후 리뷰를 남기는 곳도 플레이스입니다. 그 리뷰가 다음 고객의 Verify 단계를 만들어줍니다.

결국 고객 방문 설계 6단계의 모든 단계에서, 플레이스는 무대이자 엔진입니다. 이 책에서 배운 모든 전략의 실행 공간이 바로 플레이스였던 겁니다.

플레이스 하나로 대구 1등을 만든 가게

대구에 '맘바 수제버거'라는 가게가 있습니다. 이 가게의 특이한 점은, 별도 홈페이지도 없고, 인스타그램 마케팅에 특별히 힘을 쏟은 것도 아니라는 겁니다. 오직 플레이스 하나에 모든 걸 집중했습니다.

대표 사진부터 다릅니다. 시그니처 메뉴인 '철판 치즈버거'를 중심으로, 치즈가 흘러내리는 순간을 잡아 고객이 '저거 먹고 싶다'고 느낄 수 있게 촬영해서 올렸습니다. 메뉴는 하나하나 가격과 설명을 정확하게 입력했고, 소개글에는 가게의 철학과 차별

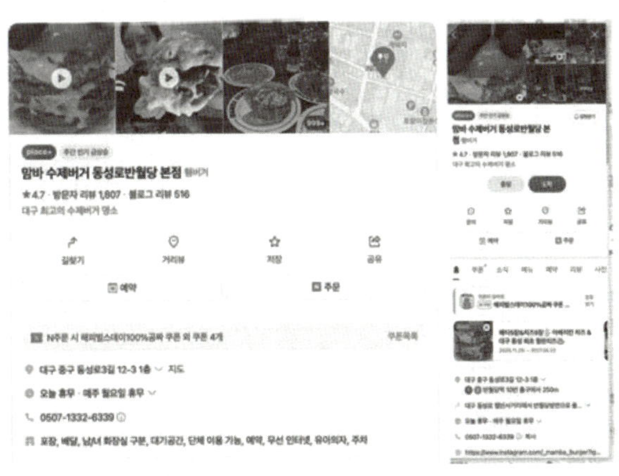

'맘바 수제버거' 플레이스 메인 사진

'맘바 수제버거' 업장 전경

점을 담았습니다. 소식란에는 매주 시그니처 메뉴를 새로운 각도로 소개하는 콘텐츠를 올려 신규 고객의 방문 욕구를 자극했습니다. 플레이스 소식을 단순히 '오늘 휴무입니다' 같은 내부 공지용으로 쓴 게 아니라, 신규 고객이 방문하고 싶어지는 이유를 제공하는 영업사원으로 활용한 겁니다. 리뷰에는 하나하나 정성껏 답글을 달았고, 예약 시스템을 연결해서 밤늦게 검색하는 고객도 바로 예약을 잡을 수 있게 했습니다. 플레이스 광고까지 병행해서 노출을 극대화했습니다.

결과는 어땠을까요? 대구 수제버거 1등. 별도 홈페이지 없이, 값비싼 광고 대행 없이, 플레이스 하나로 해낸 겁니다.

맘바 수제버거의 교훈은 명확합니다. 인스타, 블로그, 유튜브. 여러 채널을 고민하기 전에, 고객이 마지막으로 확인하는 플레이스 하나를 제대로 완성하는 것이 먼저입니다. 거기에 모든 걸 빈칸 없이 채워넣으니, 별도 홈페이지나 값비싼 광고 없이도 대

'대구수제버거' 검색 상위노출 캡처 사진

구 수제버거 1등이 된 겁니다.

이 사장님이 대단한 비법 하나를 쓴게 아니라 고객이 플레이스에서 좋은 간접경험을 할 수 있게 설계 한 것입니다. 그리고, 그것을 꾸준히 실천했습니다. 이 책에서 배운 것들의 총합입니다. 대표 사진을 제대로 찍었고(9장), 소식을 영업사원처럼 활용했고(10장), 예약을 연결했고(11장), 리뷰를 관리했고(12장) 광고를 마지막에 얹었습니다(18장에서 다룹니다). 이 모든 것이 플레이스라는 한 공간 안에서 통합으로 작동한 겁니다.

여기서 핵심을 하나 짚겠습니다. 맘바 수제버거는 특별한 기

'대구햄버거' 검색 상위노출 캡처 사진

술을 쓴 게 아닙니다. 플레이스 안에 있는 기능을 빈칸 없이 다 채운 것뿐입니다. 사진 빈칸, 메뉴 빈칸, 소식 빈칸, 예약 빈칸. 하나하나 채워넣자 플레이스 전체가 하나의 브랜드 홈페이지로 완성된 겁니다.

플레이스는 쌓이는 자산이다 — 수안보대장군의 철학

충주 수안보에서 40년 전통 꿩요리 전문점 '수안보대장군'을 운영하는 사장님의 이야기입니다. 이 사장님은 '꿩요리', '수안보맛집', '수안보꿩요리', '충주꿩요리' 등 주요 키워드에서 플레이스 1등을 유지하고 있습니다. 그런데 1등인데도 관리를 멈추지 않

'수안보맛집', '수안보꿩요리' 검색 상위노출 캡처 사진

습니다.

왜일까요? 이 사장님은 플레이스를 단순한 노출 채널이 아니라 '쌓이는 자산'이라고 생각하기 때문입니다.

맘바 수제버거가 빈칸을 채워 플레이스라는 홈페이지를 완성

한 사례라면, 수안보대장군은 그 홈페이지를 매일 가꾸는 사례입니다. 꿩 작업을 위해 새벽 1시 30분에 일어나는 와중에도, 배운 내용을 플레이스에 바로 적용합니다. 소식을 올리고, 리뷰에 답글을 달고, 사진을 교체합니다. 이 작은 행동들이 매일 쌓여서 플레이스의 경쟁력이 됩니다.

코스 요리 특성상 하루 최대 24팀만 예약을 받습니다. 손님 수보다 신선도와 신뢰를 지키는 게 더 중요하다고 판단했기 때문입니다. 그런데도 월 매출 1억 원, 연 매출 12억 원을 넘겼습니다. 플레이스를 자산처럼 쌓아 올린 결과, 전국에서 1~2년에 한 번씩 찾아오는 충성 고객이 전체의 90% 이상을 차지하게 된 겁니다.

'수안보대장군' 플레이스 메인 사진

이 사장님이 말하는 핵심은 간단합니다. '원리를 알고 내 매장에 맞게 응용해서 실행하는것만이 유일한 방법이다.' 수안보라는 지역, 꿩요리라는 메뉴, 지키고 싶은 운영 방식. 이걸 가장 잘 아는 사람은 사장님 자신입니다. 그래서 남에게 맡기지 않고 직접 이해하고, 직접 손보고, 직접 책임지는 선택을 한 겁니다. 플레이스가 브랜드 홈페이지라면, 그 홈페이지의 주인은 사장님이어야 합니다.

광고 트래픽의 종착역도 플레이스다

왕십리에서 속눈썹 시술을 하는 한 사장님의 이야기입니다. 이 사장님은 파워링크 광고를 적극적으로 활용했습니다. '왕십리 속눈썹', '왕십리 속눈썹 펌', '왕십리 속눈썹 연장.' 이런 키워드에 광고를 걸었습니다. 그런데 경쟁 광고는 겨우 2곳. 클릭 단가도 저렴했습니다.

하지만 진짜 중요한 건 그다음입니다. 광고를 클릭한 고객이 도착하는 곳이 어디였을까요? 플레이스였습니다. 그리고 그 플레이스가 잘 설계되어 있었기 때문에, 클릭이 예약으로, 예약이 방문으로, 방문이 단골로 이어진 겁니다.

만약 플레이스가 부실했다면 어떻게 됐을까요? 사진이 흐릿하고, 리뷰가 2~3개뿐이고, 소개글이 비어 있고, 예약 버튼도 없었다면? 연간 1만 명이 클릭해도, 고객은 1초 만에 뒤로 가기를 누릅니다. 전환은 제로에 가까웠을 겁니다. 광고비만 날리는 거죠.

이 사장님이 성공한 건 광고를 잘해서가 아닙니다. 광고가 데려온 고객이 착지하는 플레이스가 완벽했기 때문입니다. 사진이 깔끔하고, 시술 후기가 사진과 함께 리뷰에 쌓여 있고, 예약 버튼이 바로 눈에 들어오니까 클릭한 고객이 이탈하지 않고 예약까지 간 겁니다.

'광고를 켜기 전에, 플레이스부터 만들어라.' 이 책에서 계속 반복한 원칙입니다. 광고는 물을 부어주는 호스이고, 플레이스는 그 물을 담는 그릇입니다. 그릇에 구멍이 나 있으면, 물을 아무리 부어도 채워지지 않습니다.

경쟁사 5곳을 열어보세요

지금 당장 해볼 수 있는 일이 하나 있습니다. 사장님 가게의 주요 검색어를 네이버에 입력하세요. 그리고 상위에 뜨는 5곳의 플레이스를 열어보세요. 비교표를 만들어보시면, 사장님 가게에 뭐가 부족한지 5분 안에 보입니다.

비교 항목은 이렇습니다. 대표 사진이 차별화 되어 있거나 계절감이 반영되어 있는가. 최근 3일 이내 리뷰가 있고, 추천수 5개의 리뷰가 구체적이고 생생한 겸험을 담았는가. 소식에 신규고객을 타겟으로 한 매력적인 내용이 노출되어 있는가, 상세설명에 사장님이 공략하고자 하는 키워드가 포함되어 있고 매장의 장점이 잘 정리되어 있는가. 네이버 예약이 가능한가.

이 다섯 가지를 비교해 보시면, 사장님 플레이스의 현재 위치

5분 경쟁사 비교표

상위 5곳과 내 매장을 나란히 놓으면, 부족한 곳이 바로 보인다

매장	대표 사진	리뷰	소식·소개글	키워드	예약
1위 가게	◯	◯	◯	◯	◯
2위 가게	◯	◯	◯	△	◯
3위 가게	△	◯	△	◯	✕
4위 가게	◯	△	✕	△	✕
5위 가게	△	✕	△	✕	◯
내 매장	?	?	?	?	?

◯ 잘 되어 있음   △ 보통   ✕ 미흡·없음   ? 직접 체크

1등과의 차이는 비밀 무기가 아니라, 빈칸을 채운 총합이다.

가 정확히 보입니다. 1등 가게와 사장님 가게의 차이가 사진 한 장일 수도 있고, 소식 한 건일 수도 있습니다. 그 차이를 메우는 것, 그것이 이 책에서 배운 모든 것을 실행하는 첫걸음입니다.

비교해 보면 패턴이 보입니다. 상위 1% 가게는 리뷰 이벤트를 주문 시 적극적으로 안내하고, 키워드가 포함된 구체적 리뷰를 유도합니다. 대표 사진은 시즌마다 교체하고, 소식에는 '왜 우리 가게에 와야 하는가'에 대한 이유를 씁니다. 쿠폰도 그냥 할인이 아니라, 저장하기와 알림 받기를 조건으로 걸어서 플레이스 점수를 높이는 도구로 활용합니다. 100등 가게는? 오픈 때 찍은 사진을 3년째 방치하고, 소식에 휴무 안내만 올리고, 쿠폰은 아무 조건 없이 뿌립니다. 열심히는 합니다. 하지만 원리를 모르고 열

심히 하는 거죠.

플레이스의 종합적인 경쟁력은 하나의 요소로 결정되지 않습니다. 사진, 리뷰, 소개글, 예약, 소식, 쿠폰 이 모든 것이 점수처럼 쌓입니다. 어느 하나만 잘해서는 부족합니다. 1등 가게와 100등 가게의 차이는 하나의 비밀 무기가 아니라, 모든 항목에서 빈칸을 채운 총합입니다. 그리고 그 총합이 모여서 작동하는 공간이 바로 플레이스입니다. 사장님의 브랜드 홈페이지입니다.

사장님, 여기서 한 걸음 더 깊이 들어가 보겠습니다. 플레이스에 빈칸을 채우는 건 기술이지만, 무엇으로 채우느냐는 철학입니다. 같은 리뷰 답글이라도 복사+붙여넣기로 '감사합니다 또 오세요'를 쓰는 가게와, 그 손님의 리뷰에 딱 맞는 답글에 신규고객의 방문욕구를 자극한 정보를 첨가하는 답글전략을 쓰는 가게는 다릅니다. 마케팅 기법 너머, 사장님의 철학이 곧 브랜드입니다. 플레이스는 그 철학이 고객에게 전달되는 창구입니다.

- 경쟁 매장 5곳의 플레이스를 열어보세요. 사진·리뷰·소식, 상세설명·예약 유무를 비교표로 정리하세요. 내 가게에 빠져 있는 항목이 바로 개선 포인트입니다.

- 블로그·인스타 등 외부 채널의 프로필과 게시물에 플레이스 링크를 넣으세요. 모든 채널의 종착역이 플레이스로 향해야 합니다.

- 고객 방문 설계 6단계를 기준으로 내 플레이스를 점검하세요. 가장 약한 단계 1개를 골라 이번 주 안에 개선하세요.

📝 **한 줄 정리**

**'블로그도, 인스타도, 입소문도
모든 길의 끝에 플레이스가 있다.
플레이스가 당신의 브랜드 홈페이지다.'**

18장.
광고는 마지막이다

광고부터 켜는 사장님의 결말

사장님, 솔직하게 여쭤보겠습니다. 혹시 가게를 열자마자, 혹은 매출이 안 나온다 싶자마자, 가장 먼저 '광고를 돌려볼까?'라고 생각하신 적 있으신가요?

당연합니다. 저도 그랬고, 제가 만난 수백 명의 사장님 중 절반 이상이 그랬습니다. 매출이 안 나오면 본능적으로 광고에 손이 갑니다.

그래서 직접 해봅니다. 네이버 검색광고에 가입하고, 플레이스 광고를 켭니다. 일 예산 1만 원, 월 30만 원. '이 정도면 손해 봐도 괜찮지'라는 마음으로 시작합니다.

클릭은 찍힙니다. 그런데 전화가 안 옵니다. 예약이 안 잡힙니다. 클릭한 사람이 플레이스에 들어와서 뭘 봤을까요? 사진 두

장, 리뷰 세 개, 소개글은 기본 문구 그대로. 들어오자마자 뒤로 가기를 누릅니다. 한 달 30만 원, 두 달 60만 원, 석 달 90만 원. 광고비는 나갔지만, 매출은 그대로입니다.

이건 광고가 나빠서가 아닙니다. 순서가 틀렸기 때문입니다.

이 책 전체를 관통하는 핵심을 딱 한 문장으로 말하면 이겁니다. 광고는 마지막이다. 플레이스 기초를 다지고, 사진과 소개글로 전환 구조를 만들고, 리뷰로 신뢰를 쌓고, 재방문 시스템까지 갖춘 다음에 비로소 광고를 켜야 합니다. 그래야 들어온 고객이 나가지 않고, 한 번 온 고객이 다시 옵니다.

'마케팅 = 광고'라는 위험한 착각

사장님들이 가장 많이 하는 오해가 있습니다. '마케팅을 해야 한다 = 광고를 해야 한다'로 바꿔 생각하는 겁니다.

틀렸습니다. 광고는 마게팅의 일부입니다. 그것도 맨 마지믹 단계입니다.

비유를 하나 들겠습니다. 식당을 운영하는데 주방이 엉망이고, 메뉴판도 없고, 테이블이 지저분합니다. 그 상태에서 전단지를 만 장 뿌리면 어떻게 될까요? 손님이 한 번은 옵니다. 그런데 다시는 안 옵니다. 오히려 나쁜 리뷰만 남깁니다. 전단지 비용은 날렸고, 평판까지 깎인 겁니다.

온라인도 똑같습니다. 플레이스가 가게의 온라인 주방이자 메뉴판이자 테이블입니다. 여기가 엉망인 상태에서 광고로 사람을 데려오면, 클릭만 발생하고 전환은 0입니다. 광고비가 매출이 아니라 비용으로만 남습니다.

그럼 올바른 순서는 뭘까요? 이 책에서 함께 걸어온 고객 방문 설계 6단계 구조 그대로입니다.

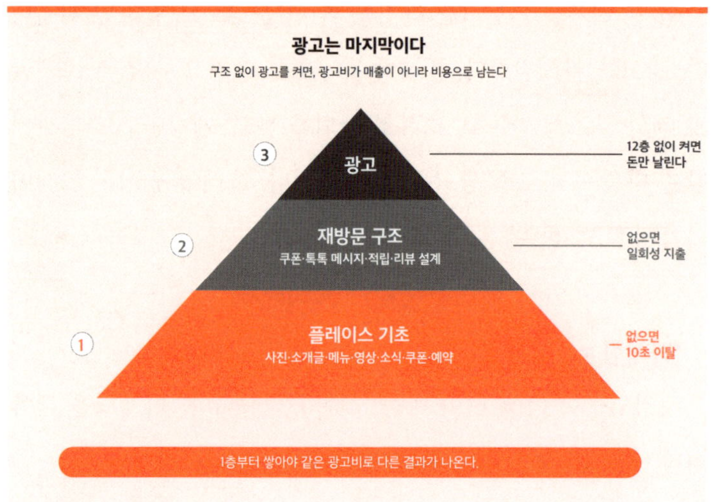

1층: 플레이스 기초. 대표 사진, 소개글, 메뉴, 영상, 소식, 쿠폰, 예약. 이게 없으면 광고를 아무리 돌려도, 클릭한 고객이 10초 안에 빠져나갑니다.

2층: 재방문 구조. 쿠폰, 톡톡 메시지, 적립. 광고로 한 명을 데려왔는데 한 번만 오고 끝나면, 그 광고비는 일회성 지출입니다. 재방문 구조가 있어야 광고비 1만 원이 10만 원, 50만 원의 매출로 불어납니다.

3층: 광고. 1층과 2층이 완성된 상태에서 광고를 켜면, 같은 30만 원이 완전히 다른 결과를 만듭니다.

같은 30만 원, 결과는 10배 차이

구조 없이 광고 vs 구조 완성 후 광고

	✕ 구조 없이 광고	○ 구조 완성 후 광고
광고비	30만 원	30만 원
클릭수	300건	300건
전환수 (예약·전화·방문)	3건 · 전환율 1%	30건 · 전환율 10%
재방문수	0건	15건
고객 1명 비용	10만 원	1만 원 · 재방문 포함 시 6,700원

구조 없는 광고 = 구멍 난 그릇에 물 붓기
돈은 나가는데 고객은 안 남는다

구조 완성 후 광고 = 증폭 장치
같은 돈으로 10배 더 많은 고객이 남는다

광고는 마지막 증폭 장치다. 구조가 먼저, 광고는 나중이다.

구조 없이 광고를 켜면? 광고비 30만 원, 클릭 300건, 전환 3건, 재방문 0건. 고객 한 명 데려오는 데 10만 원입니다. 구조를 다 갖추고 광고를 켜면? 광고비 30만 원, 클릭 300건, 전환 30건, 재방문 15건. 고객 한 명 데려오는 데 1만 원이고, 재방문까지 합치면 6,700원입니다. 같은 돈인데 결과가 10배 넘게 차이 납니다.

구조가 완성됐다면, 플레이스 광고부터 켜세요

사장님이 직접 활용할 수 있는 광고 수단은 생각보다 다양합니다. 온라인에는 플레이스 광고, 파워링크, 지역소상공인 광고,

인스타그램 광고가 있고, 오프라인에는 전단지, 현수막, 배너가 있습니다. 이 모든 광고의 공통점이 있습니다. 플레이스 구조가 갖춰진 상태에서 켜야 효과가 난다는 겁니다. 전단지를 받은 손님도, 인스타그램 광고를 본 손님도, 결국 가게 이름을 네이버에 검색합니다. 그때 플레이스가 부실하면 모든 광고비가 허공으로 날아갑니다.

그중에서 소규모 매장 사장님이 가장 먼저, 반드시 시작해야 할 건 플레이스 광고입니다.

이유는 명확합니다. 검색 결과 1페이지에 파워링크, 플레이스, 블로그 글이 동시에 뜹니다. 고객의 눈이 가장 먼저 가는 곳이 어딥니까? 사진과 가게이름, 리뷰 수, 마이크로 리뷰가 한눈에 보이는 플레이스 영역입니다. 텍스트뿐인 파워링크보다 시각 정보가 풍부한 플레이스를 먼저 클릭합니다. 그런데, 플레이스 상단 10개 안에 내 가게가 없으면? 고객은 그 10개 중에서 하나를 고르고 끝입니다. 플레이스 광고는 자연 검색 순위와 상관없이 돈을 지불하면 상단에 노출시켜주는 장치입니다.

숫자로 보면 더 확실합니다. 네이버 자체 조사 결과, 플레이스 광고를 켠 매장은 신규 고객 유입 5.7배, 전환(예약·길 찾기) 4.8배 증가했습니다. 미용실은 7.4배, 음식점은 5.6배까지 올라갔습니다. 소상공인 기준으로도 전환율이 5.2배 증가했습니다. 동네 장사라고 효과가 떨어지는 게 아닙니다. 오히려 소규모 매장일수록 효과가 큽니다.

경쟁 매장이 플레이스 광고를 하고 있는데 사장님은 안 하고 있다면? 같은 키워드를 검색한 고객이 경쟁 매장 플레이스를 먼저 보고 거기로 갑니다. 사장님 가게가 아무리 잘 되어 있어도, 노출 자체가 안 되면 선택받을 기회가 없습니다.

플레이스 광고 세팅과 관리법

세팅은 10분이면 끝납니다. 네이버 검색광고에서 '광고 만들기' → 플레이스 유형 선택 → 우리 가게 연결 → 일 예산 설정(처음엔 1만 원, 월 30만 원). '균등 배분'을 켜두면 하루 종일 골고루 노출됩니다. 점심때 예산이 다 소진되어 저녁에 광고가 안 뜨는 상황을 막을 수 있습니다.

플레이스 광고는 키워드를 직접 등록하지 않습니다. 네이버가 가게 정보를 바탕으로 자동 매칭합니다. 대신 태그가 중요합니다. 최대 50개까지 등록할 수 있고, 해당 키워드 검색 시 노출 확률이 높아집니다. 치킨집이라면 '치킨', '치맥', '단체 모임', '회식' 같은 태그를 넣어두세요. 그리고 클릭을 결정짓는 건 사진 한 장과 홍보 문구 한 줄입니다. '10명 중 9명이 재방문하는 OO', '하루 300명이 찾는 OO' 같은 구체적 숫자가 들어간 문구가 효과적입니다. 과도하게 보정한 사진이나 분할 이미지는 오히려 신뢰를 떨어뜨립니다.

세팅보다 중요한 건 관리입니다. 핵심 세 가지만 기억하세요.

첫째, 제외 키워드를 잡으세요. 자동 매칭이다 보니 엉뚱한 검색 어에 광고가 뜰 수 있습니다. 연남동 치킨집인데 '홍대 샐러드'에 노출되면 순수한 비용 낭비입니다. '노출 검색어 보고서'를 확인하고, 관계없는 키워드는 즉시 제외 처리하세요. 이것만으로 광고비 낭비의를 막습니다.

둘째, 시간대별로 입찰가를 조절하세요. 예산이 빨리 소진되는 가게들이 많습니다. 예산을 늘리면 좋겠지만 쉽지 않습니다. 이런 경우에는 시간대를 설정해서 집중 공략하는 것이 좋습니다. 음식점은 점심(11~13시)·저녁(17~19시)에 검색이 몰립니다. 이때 입찰가를 올리고 나머지 시간대에 입찰가를 낮추면, 방문 가능성이 높은 시간대에 홍보를 집중할 수 있어서 전환이 늘어납니다. 점심엔 '직장인 점심 9,900원', 저녁엔 '퇴근 후 한잔하기 좋은' 같이 시간대별 문구를 다르게 쓰는 것도 효과적입니다.

셋째, 주 1회 '광고 관리의 날'을 정하세요. 매주 같은 요일에 30분만 투자합니다. 노출수·클릭수를 확인하고, 비효율 키워드를 제외하고, 입찰가를 100원 단위로 올려보며 최적값을 찾습니다. 광고소재도 A/B테스트를 통해 최적화를 진행합니다. 이 30분이 월 수십만 원을 아껴줍니다.

참고로, 네이버는 첫 광고 시작 시 혜택을 줍니다. 첫 30일간 광고비를 최대 50만 원 사용 시 50만 원 쿠폰을 재충전해줍니다.

50만 원으로 100만 원어치 광고를 하는 셈입니다. 파워링크와 플레이스 광고 포함한 금액이니 잘 준비하셔서 이 혜택을 놓치지 마세요.

플레이스 광고에 파워링크를 더하면 효과가 배가 된다

플레이스 광고만으로도 충분히 효과가 있습니다. 그런데 여기에 파워링크를 추가하면, 1페이지 점유율이 한 단계 더 올라갑니다.

차이를 이해하면 왜 추가해야 하는지 보입니다. 플레이스 광고는 전환 중심입니다. 사진과 리뷰 수를 보여주며 바로 전화·예약·길 찾기로 연결합니다. 대신 행정 구역 기준으로 노출되기 때문에 우리 동네에만 도달합니다. 파워링크는 노출 중심입니다. 텍스트 링크로 보여주지만, 행정 구역 제한이 없어서 인접 지역까지 공략할 수 있습니다. 플레이스 광고로 우리 동네를 단단히 잡고, 파워링크로 주변 동네까지 넓히는 것. 이게 최적의 조합입니다.

파워링크를 낚시에 비유하면 이해가 쉽습니다. 네이버라는 바다에 낚싯대를 내리는 겁니다. 오프라인에서는 현수막 한 장에 몇만 원, 전단지 천 장에 몇십만 원이 듭니다. 그런데 파워링크는? 낚싯대를 수천 개 내려도 비용이 0원입니다. 키워드를 등록하는 건 무료입니다. 클릭이 발생해야 그때 돈을 냅니다.

세 가지 경우를 생각해 보세요.

하나, 아무도 안 낚인다. 키워드를 걸어놨는데 검색량이 0이라면? 비용도 0원입니다. 손해 없습니다.

둘, 보기만 하고 안 물었다. 검색 결과에 내 광고가 떴는데 클릭을 안 했다면? 비용은 0원인데 노출 효과는 공짜로 얻었습니다. 현수막 효과를 돈 안 내고 누린 거죠.

셋, 물었다. 클릭이 발생했다면? 고객이 내 플레이스에 들어온 겁니다. 구조가 갖춰져 있으니 전환될 확률이 높습니다. 그리고 그 비용이 70~200원이라면요? 70원을 써서 고객 한 명을 데려온 겁니다. 마진율이 어마어마 하겠죠?

핵심은 작은 키워드입니다. '강남 맛집'처럼 경쟁이 치열한 키워드에 뛰어들면 많은 비용이 나갑니다. 경쟁자가 없거나 적은 작은 키워드를 여러 개 공략하면, CPC(클릭당 비용)는 70~200원 수준이고, 1페이지 노출은 거의 확정입니다.

실전 세팅은 간단합니다. 일 예산은 1만 원, 월 30만 원으로 시작하세요. 키워드는 100개 이상, 작은 키워드 위주로 등록합니다. 입찰가는 70~200원 사이. 한 번 세팅해놓으면 네이버가 알아서 키워드 검색한 사람에게 광고를 보여줍니다. 그리고, 확장검

색 시스템으로 유사한 키워드를 검색한 고객에게도 알아서 보여
줍니다. 매일 관리할 필요 없습니다.

파워링크는 자영업자에게 꼭 필요한 광고

부평에서 보드게임카페를 운영하는 사장님도 같은 전략을 썼
습니다. '부평 보드게임카페'라는 키워드에 파워링크를 걸었습니
다. 이 키워드에 광고를 걸어둔 경쟁자가 거의 없었습니다. CPC
70~200원으로 1페이지에 바로 올라갔습니다. 중요한 건, 이 사
장님은 플레이스 구조를 먼저 완성해 둔 상태였다는 겁니다. 사
진, 소개글, 리뷰, 예약이 다 갖춰져 있었기 때문에, 클릭한 고객
이 바로 방문으로 이어졌습니다. 구조가 없었다면? 70원짜리 클
릭도 버리는 돈이 됐을 겁니다.

광고비를 4분의 1로 줄이는 A/B 테스트

광고를 시작했다고 끝이 아닙니다. 플레이스 광고든 파워링크
든, 관리가 진짜 시작입니다. 여기서 대부분의 사장님이 실수합
니다. 광고를 세팅하고 나서 그냥 놔둡니다. '알아서 되겠지.' 아
닙니다. 세팅만 하고 방치하면, 효과 없는 소재에 돈을 계속 쓰고
있는 겁니다.

해결책은 A/B 테스트입니다. 어렵게 생각하지 마세요. 원리는
단순합니다. 광고 소재 두 개를 동시에 돌리고, 2주 뒤에 클릭률
을 비교합니다. 잘 되는 건 남기고, 안 되는 건 바꿉니다. 그걸 반

복하는 겁니다.

비유하면, 직원 채용과 같습니다. 일 잘하는 직원은 남기고, 일 못하는 직원은 교체합니다. 광고 소재도 똑같습니다. 클릭률 3% 인 소재와 1%인 소재가 있으면, 3%만 남기고 1%는 새로운 소재로 교체합니다. 이걸 2주 단위로 반복하면, 점점 더 효율 좋은 소재만 살아남습니다.

플레이스 광고의 A/B 테스트는 한 번에 하나만 바꿔야 합니다. 처음에는 같은 사진에 문구만 두 가지로 테스트하세요. 2주 뒤 클릭률이 높은 문구를 남기고, 그 다음에는 문구를 고정하고 사진을 바꿔 테스트합니다. 이렇게 한 요소씩 최적화하면 점점 효율이 높아집니다.

숫자로 증명된 사례가 있습니다. 구미의 한 수육 전문점 사장님은 대행사에 매달 200만 원의 광고비를 썼습니다. 1년이면 2,400만 원입니다. 그런데 노린 키워드에 상위노출은 한 번도 안 됐고, 매출 변화도 없었습니다. 플레이스 구조가 갖춰지지 않은 상태에서 광고만 돌렸기 때문입니다. 고객이 클릭해서 들어와도 전환할 이유가 없었던 겁니다.

이 사장님이 광고를 줄이고 플레이스 구조부터 다시 잡았습니다. 작은 키워드를 찾고, 거기에 맞게 플레이스를 최적화한 뒤 소액의 광고만 유지했습니다. 결과요? 두 달 만에 핵심 키워드 1위. 광고비는 200만 원에서 50만 원으로 75% 줄었는데, 성과는 오히려 더 좋아졌습니다. 구조 없이 200만 원은 0원짜리고, 구조 위의

50만 원은 200만 원 이상의 값어치를 합니다.

A/B 테스트는 어렵지 않습니다. 2주에 한 번, 클릭률 숫자 두 개만 비교하면 됩니다. 높은 쪽을 남기고, 낮은 쪽을 바꿉니다. 이것만 반복해도 상위 1%의 광고 효율에 도달할 수 있습니다.

광고를 켜기 전에, 먼저 이 체크리스트를 하나씩 확인하세요. 하나라도 '아니오'가 있으면, 광고보다 그 항목을 먼저 해결하는 게 순서입니다.

- 플레이스 기초 세팅을 최종 점검하세요. 전환 설계가 하나라도 빠져 있으면 광고비가 새는 구멍이 됩니다.

- 플레이스 광고 태그를 50개 가까이 채우세요. 우리 가게와 관련된 키워드를 빠짐없이 등록하는 게 노출의 기본입니다.

- 일 예산 1만 원(월 30만 원)으로 플레이스 광고를 시작하세요. 2주간 데이터를 모은 뒤, 제외 키워드를 정리하고 입찰가를 조정하세요.

- 플레이스 광고가 안정되면, 파워링크로 작은 키워드 100개를 추가 공략하세요. 작은 성 키워드 1페이지 점유율을 넓히는 단계입니다.

- 광고 시작 전 오늘의 핵심 지표(노출수, 클릭수, CPC)를 기록해두세요. 비교 기준점이 없으면 광고 효과를 판단할 수 없습니다.

체크가 다 된 사장님만 광고를 켜세요. 체크가 안 된 항목이 있다면? 괜찮습니다. 그 항목을 해결하는 게 광고보다 투자 대비 수익률이 높습니다. 리뷰가 5개밖에 없는데 광고를 돌리는 건, 물이 새는 수도관에 수압을 올리는 것과 같습니다. 수도관부터 고치세요.

★ AI로 5분 만에 하는 방법은 '부록'의
'AI 프롬프트 가이드 QR코드'를 참고해 주세요.

'구조 없는 광고는 밑 빠진 독에 물 붓기, 구조 위의 광고는 불에 기름 붓기다.'

17장에서 플레이스가 브랜드 홈페이지라는 것을 이해하셨고, 이번 장에서 광고가 그 위에 올라가는 마지막 증폭 장치라는 것을 확인하셨습니다. 그러면 이제 남은 건 '실행' 하나입니다.

19장.
4주 실행 로드맵
: 오늘부터 시작하세요

다 배웠는데, 뭐부터 하지?

사장님, 여기까지 오시느라 수고하셨습니다.

1장부터 18장까지, 키워드 설계부터 대표 사진, 예약, 리뷰, 단골, 광고까지 전부 배웠습니다. 그런데 책을 덮는 순간 머릿속이 터질 것 같습니다. 10년 넘게 장사해온 사장님은 '내 가게에 뭘 먼저 적용하지?' 고민이고, 막 오픈한 사장님은 '기초부터 다 해야 하나?' 막막하고, 스마트폰이 익숙하지 않은 사장님은 '이걸 내가 할 수 있을까?' 걱정부터 됩니다.

상황은 다르지만 결국 같은 벽 앞에 서 계십니다. **'어디서부터 시작하지?'**

사장님 잘못이 아닙니다. 선택지가 너무 많으면 뇌는 '나중에 하자'를 선택합니다. 강의를 듣고도, 책을 읽고도 아무것도 안 바꿈는 사장님이 많은 이유입니다. 이번 장이 그 문제를 해결합니다. 18장까지 배운 모든 것을 **4주, 20일** 안에 실행하는 순서를 드립니다.

한 가지 더. 이 4주가 중요한 이유가 있습니다. 새로 오픈한 가게든, 기존 가게를 리뉴얼하든, **첫 90일의 활동이 이후 3년의 매출을 좌우합니다.** 네이버 알고리즘은 초반에 활발하게 세팅하고 운영하는 가게에 가산점을 줍니다. 이 초반을 의미 없이 보내면, 이후에 두세 배의 노력을 해야 같은 위치에 도달합니다. 지금 이 4주가 가장 효율적인 4주입니다.

'한꺼번에 다 해야 효과가 있지 않나요?'

가장 흔한 착각입니다. 월요일에 사진, 화요일에 키워드, 수요일에 예약, 목요일에 리뷰, 금요일에 광고. 한 주에 다 끝내면 되지 않느냐고요.

안 됩니다. 이유는 세 가지입니다.

첫째, **체력이 안 됩니다.** 장사하면서 마케팅까지, 하루에 쓸 수 있는 시간은 30분이 고작입니다. 첫 주에 다 쏟으면 둘째 주에 포기합니다.

둘째, **순서가 있습니다.** 전환 구조 없이 광고를 돌리면 광고비만 날아갑니다. 기초 세팅 → 전환 설계 → 단골 설계 → 증폭. 이 순서를 무시하면 효과가 절반으로 떨어집니다.

셋째, **측정이 안 됩니다.** 열 가지를 동시에 바꾸면 뭐가 효과 있었는지 모릅니다. 한 주에 한 영역씩 바꿔야 원인을 알 수 있습니다.

하루 30분, 주 5일. 한 주에 하나의 영역만 집중합니다.

0일차: 현재 위치 찍기 — 시작 전에 반드시 할 일

로드맵에 들어가기 전에, 사장님의 현재 위치를 기록해야 합니다. 네비게이션도 출발지를 찍어야 길을 안내하듯, 지금 내 가게의 상태를 정확히 알아야 4주 뒤 얼마나 바뀌었는지 눈으로 확인할 수 있습니다.

0일차에 할 일 세 가지 (15분)

① **자가진단표 체크하기.** 부록의 고객 여정 6단계 자가진단 점수표(18항목)에 솔직하게 체크하세요. 체크 개수를 적어두세요. 이 점수가 사장님의 출발선입니다.

② **플레이스 첫 화면 캡처하기.** 스마트폰으로 내 플레이스를 검색해서, 첫 화면을 스크린샷으로 저장하세요. 대표 사진, 소개글, 리뷰, 예약 버튼. 4주 뒤 똑같이 캡처해서 나란히 놓으면, 변화가 한눈에 보입니다.

③ **4주 뒤 날짜를 캘린더에 표시하기.** 오늘로부터 정확히 28일 뒤. 그날 자가진단표를 다시 체크하고, 플레이스를 다시 캡처하겠다고 스스로 약속하세요.

4주 로드맵: 순서가 생명입니다

1주 차: 기초 세팅 — 빈칸부터 채우기 (TSCVAS: T→S)

목표: 플레이스 정보 완성도 100%. 고객이 클릭했을 때 '아, 여기 괜찮은데?' 하고 느끼게 만드는 것.

요일	할 일	난이도	오늘의 완료 체크
월	**우리 가게의 페르소나 고객 정하기** — 누가, 언제, 왜 우리 가게를 찾는지 1장에 정리	★★☆	페르소나 메모 1장 완성
화	**작은 성 키워드 3개 뽑기** — 페르소나 고객이 실제로 김색할 키워드 선정	★★☆	키워드 리스트 완성
수	**기본 정보 최신화** — 영업시간·주차정보·편의시설·메뉴/가격표 빠짐없이 기재	★☆☆	정보 완성도 (%) 확인
목	**시각적 요소 개선** — 대표 사진 1~3장 촬영 또는 교체 (밝고 선명하게)	★★☆	모바일 첫 화면 캡처 및 비교
금	**고객 접점 설정 확인** — 톡톡 + 예약 + 스마트콜 설정 확인	★☆☆	3가지 기능 모두 ON 확인

주간 점수: 플레이스 정보 완성도(%). 플레이스 관리 화면에서 확인할 수 있습니다. 100%가 목표입니다. → 자가진단표 T·S 항

목을 다시 체크해 보세요. 0일차보다 몇 개 늘었나요?

업종별 포인트:

- 🍽️ **음식점:** 제철 메뉴 사진 + 조리 과정 컷 우선. 메뉴판은 시그니처 세트를 맨 위에.

- 💇 **뷰티숍:** 시술 전후 비교 사진 + 원장님 프로필 사진 우선. 소개글에 경력·자격 한 줄.

- 🏛️ **기타 업종:** 시설 전경 + 프로그램 안내 우선. 체험 쿠폰을 이 주에 함께 설정.

2주 차: 전환 설계 ① — 들어온 고객 잡기 (TSCVAS: C→V)

목표: 플레이스에 들어온 고객이 '여기 괜찮은데?'라고 느끼게 만드는 콘텐츠 세팅.

요일	할 일	난이도	오늘의 완료 체크
월	**상세설명 정비** — 고객이 궁금해할 정보를 읽기 쉽게 구조화	★★☆	고객 입장에서 읽어보기
화	**영상 촬영 및 업로드** — 스마트폰으로 15초 내외의 짧은 영상 촬영	★★☆	플레이스 첫 화면 노출 확인
수	**쿠폰 및 예약 활성화** — 첫 방문 특전 세팅 및 예약 기능 점검	★★☆	직접 예약 테스트 진행
목	**리뷰 요청 프로세스 확립** — 언제, 어떻게 요청할지 매뉴얼화	★★☆	프로세스 메모 1장 완성
금	**리뷰 답변 및 템플릿 작성** — 유형별 3종 템플릿 작성 및 답글 달기	★★★	리뷰 3개 이상 답변 완료

주간 점수: 플레이스 첫 화면 3종세트(영상·쿠폰·소식) 완성 여부, 예약 건수(7일간). 첫 화면이 채워지기 시작하면 체류시간이 늘어납니다. → 자가진단표 C·V 항목 재체크.

업종별 포인트:

- 🍽️🍜 **음식점:** 영상은 고객 간접체험 영상 또는 시그니처 메뉴 맛있게 먹는 영상15초. 쿠폰은 시그니처 메뉴 할인 or 100% 공짜 서비스.

- 💇 **뷰티숍:** 영상은 시술 전후 비교 15초. 쿠폰은 첫 방문 할인 or 두피진단 무료.

- 🎬 **기타 업종:** 영상은 공간 투어 형태. 쿠폰은 체험 할인 or 첫 이용 특전.

3주 차: 전환 설계 ② + 단골 설계 — 리뷰를 쌓고, 다시 오게 만들기 (TSCVAS: V→A→S→T)

목표: 리뷰와 소식으로 신뢰를 완성하고, 재방문 구조까지 한 번에 깔기.

요일	할 일	난이도	오늘의 완료 체크
월	**첫 리뷰 10개 확보 작전 실행** — 영수증 리뷰 유도 및 단골 고객 요청	★★★	오늘 확보한 리뷰 수 기록
화	**소식 1개 작성** — 시즌 메뉴, 시그니처, 브랜드이야기 등	★★☆	플레이스 소식 탭 확인

수	**멤버십/적립 시스템 도입** — 스탬프, 포인트, 재방문 쿠폰 세팅	★★☆	시스템 정상 가동 확인
목	**마케팅 메시지(CRM) 첫 발송** — 알림받기 고객 깜짝 혜택 안내	★★★	발송 수 및 반응율 기록
금	**피크엔드(Peak-End) 법칙 적용** — 고객의 퇴장 시점에 감동 장치 세팅	★★☆	직원과 롤플레이 1회 실시

주간 점수: 신규 리뷰 수(7일간), CRM 메시지 응답률. 리뷰가 0에서 10으로 가는 구간이 전환율에 가장 큰 영향을 줍니다. '1명이라도 돌아왔다'면 단골 구조가 작동하기 시작한 겁니다. → 자가진단표 V·A·S→T 항목 재체크.

업종별 포인트:

- 🍴🍜 **음식점:** 영수증 리뷰 요청 타이밍 = 디저트 나갈 때. 피크엔드 = 계산 시 사탕·쿠키 한 개 + '다음에 오시면 이 메뉴 추천드려요.' 적립은 스탬프 카드가 가장 직관적.

- 💇‍♀️ **뷰티숍:** 리뷰 요청은 시술 만족 확인 직후. 피크엔드 = 시술 후 헤어/피부 관리 팁 카드 전달. CRM은 시술 후 3일 차 '관리 잘 되고 계신가요?' 메시지.

- 📱 **기타 업종:** 체험 후 만족도 설문 → 높은 점수 고객에게 리뷰 요청. 피크엔드 = 이용 후 감사 문자 + 다음 이용 할인 코드. CRM은 이용 후 일주일 차 만족도 체크 + 재예약 유도.

4주 차: 증폭 + 비교 — 구조 위에 기름 붓기 (전체 통합)

목표: 1~3주 차에 만든 전환 구조 위에 광고를 얹어 증폭하고, 4주간의 변화를 눈으로 확인.

요일	할 일	난이도	오늘의 완료 체크
월	**플레이스 광고 시작** — 광고 소재 2개 제작 및 등록	★★★	광고 소재 2개 등록 확인
화	**광고 성과 1차 확인** — 클릭률, 입찰가, 전환율 체크	★★☆	주요 수치 기록 완료
수	**파워링크 광고 세팅** — 키워드 100개 선정 및 소액 광고 시작	★★★	리스트 완성 및 승인 확인
목	**주간 성과 리포트 양식 제작** — 매주 반복할 성과 측정 루틴 확립	★★☆	나만의 양식 1장 완성
금	**최종 성과 비교 (0일 vs 28일)** — 고자가진단표 재실시 및 변화 기록	★☆☆	점수 변화 및 캡처 비교

주간 점수: 광고 전환율(클릭 대비 예약/전화), 자가진단 섬수 상승폭, 매출 변화(4주 전 대비). 18장에서 말씀드렸듯, 광고는 구조가 깔린 뒤에 돌려야 효과가 납니다. 4주 차에 광고를 시작하는 이유가 여기 있습니다.

토즈모임센터 선릉삼성점 — 4주가 구조를 바꿨다

이론만으로는 와닿지 않습니다. 실제 사례를 보겠습니다.

선릉역 근처에서 120평짜리 모임 공간을 운영하던 사장님의 이야기입니다. 코로나가 터지면서 매출이 급감했습니다. 120평

공간에 손님이 없는 날이 이어졌습니다. 매달 임대료와 관리비는 나가는데, 예약은 끊기고, 통장 잔고는 줄어들었습니다.

이 사장님이 한 첫 번째 일은 **고객이 누구인지 명확하게 나누는 것**이었습니다. 기업 고객, 강사, 학생. 세 부류가 전혀 다른 검색어로, 전혀 다른 이유로, 전혀 다른 시간대에 공간을 찾고 있었습니다.

1. **기초 세팅.** 플레이스를 아예 두 개로 분리했습니다. 공유 오피스용, 모임 공간용. 각각의 플레이스에 맞는 사진, 소개글, 메뉴를 따로 세팅했습니다. 고객 페르소나가 명확해지니, 키워드도, 사진도, 소개글도 자동으로 정해졌습니다.

2. **전환 설계.** 블로그 체험단 전용 상품을 만들었습니다. 할인을 제공하되, 고객이 직접 결제하고 직접 후기를 쓰게 만들었습니다. 매니저가 만족한 고객에게 블로그 게시를 제안했고, 일부 고객은 자발적으로 후기를 올렸습니다. 사장님이 직접 블로그를 운영하지 않아도 **블로그가 자동으로 돌아가는 구조가** 만들어진 겁니다.

3. **단골 설계.** 고객 피드백으로 디테일을 개선했습니다. 모니터 아래 먼지, 의자 상태, 조명 교체 시기까지 체크리스트를 만들어 관리했습니다. 리뷰에 솔루션을 담은 답글을 달았고, 이게 다음 고객의 신뢰로 연결되었습니다.

4. **증폭.** 구글 광고를 시작하되, 네이버 스마트콜의 가상번호

를 활용해 어떤 채널에서 전화가 오는지 정확하게 측정했습니다.

결과요? **매출 2배, 강남 회의실 1위, 흑자 전환.**
이 사장님은 이렇게 말씀하셨습니다.

'플레이스를 복잡한 마케팅으로 생각하기보다,
고객의 흔적을 남기는 일기장처럼 접근했어요.
한꺼번에 다 한 게 아니라, 순서대로 하나씩 쌓은 겁니다.'

'시간이 없는데요', '효과가 없으면요?'

실행 앞에서 가장 흔한 세 가지 장벽이 있습니다.

'시간이 없어요.' — 하루 30분입니다. 스마트폰 하나면 됩니다.
'시간이 없다'는 대부분 '뭘 해야 할지 모르겠다'입니다. 위의 표
대로 오늘 할 일 하나만 하세요.
'잘 모르겠어요.' — 이 책이 곁에 있습니다.
'효과가 없으면요?' — 4주는 해야 데이터가 나옵니다. 일주일
해보고 '안 되네' 하는 건 씨앗 심고 다음 날 싹이 안 났다고 밭
을 갈아엎는 것과 같습니다. 4주 뒤 자가진단 점수와 매출을 0
일차와 비교하세요. 숫자는 거짓말하지 않습니다.

4주 이후: 멈추지 마세요

4주가 끝나면 끝일까요? 아닙니다. 4주는 시작입니다. 구조가 깔렸으니, 이제부터는 **유지 루틴**만 돌리면 됩니다.

매주 30분, 세 가지만 반복하세요.

1. **리뷰 답변** — 새로 달린 리뷰에 24시간 내 답글
2. **소식 업데이트** — 월 1회, 시즌 메뉴·이벤트·매장 소식
3. **지표 확인** — 노출수·클릭수·예약수 변화 체크

분기별: 제철 코어 마케팅을 시작합니다(13장 참고). 대표 사진과 소개글을 시즌에 맞게 교체합니다. CRM 메시지를 월 2회 정기 발송합니다.

그 이후: 매주 30분 루틴만 돌리면, 플레이스는 스스로 작동하는 매출 엔진이 됩니다.

**'적자였던 모임센터가 흑자로 전환하고,
매출이 2배로 올랐다. 비결은 대단한 기술이 아니라,
순서대로 하루 30분씩 4주간 실행한 것뿐이다.'**

사장님, 여기까지 오셨습니다. 1장에서 시작해서 19장까지, TSCVAS의 모든 단계를 하나씩 설계하고 실행하는 법을 함께 걸어왔습니다. 에필로그에서는 이 여정을 한번 되돌아보고, 사장님에게 마지막 말씀을 드리겠습니다.

에필로그.
사장님, 이제 당신이 마케팅의 주인입니다

사장님, 여기까지 읽어주셨습니다.

쉬운 여정은 아니었을 겁니다. 장사하랴, 직원 관리하랴, 거기에 마케팅 공부까지. 새벽에, 혹은 영업이 끝난 밤에 이 책을 펼치셨을 사장님을 생각하면 저도 마음이 무겁습니다.

저도 그런 시절이 있었습니다. 사기 대행사에 돈을 뺏긴 미용실 원장님을 만나고, 홧김에 무료로 플레이스를 잡아드렸더니 1주일 만에 1페이지, 매출이 급증했습니다. 그때 알았습니다. 사장님에게 필요한 건 비싼 대행이 아니라 구조를 이해하는 힘이라는 걸. 이 책은 그 경험에서 시작되었습니다.

그래서 마지막은 짧고 분명하게 드리겠습니다.

사장님이 걸어온 길

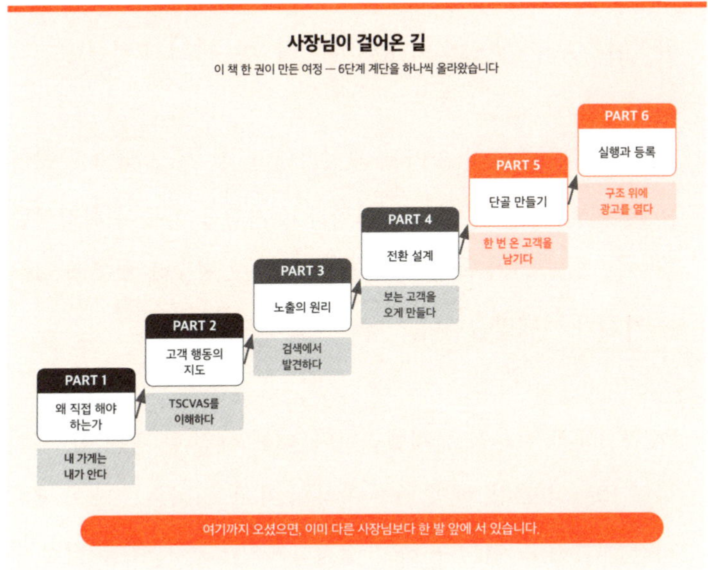

이 책은 하나의 질문에서 시작했습니다. '왜 열심히 하는데 내 매출은 안 오르지?'

PART 1에서 그 질문의 답을 찾았습니다. 기술력이 문제가 아니었고, 대행사가 답도 아니었습니다. 고객이 내 가게를 찾고, 비교하고, 결정하는 구조를 모르는 것이 진짜 문제였습니다.

PART 2에서 그 구조의 지도를 펼쳤습니다. 고객 방문 설계 6단계(TSCVAS). 고객이 필요를 느끼고(Trigger), 검색하고(Search), 비교하고(Compare), 검증하고(Verify), 방문하고 (Action), 공유하는(Share) 여섯 단계. 이 지도를 손에 쥔 순간, 사장님은 더 이상 감으로 장사하는 사람이 아니게 됩니다.

PART 3에서 노출의 원리를 배웠습니다. 큰 성을 바로 공략하는 게 아니라, 작은 성부터 점령하고 거점을 만들어 확장하는 것. 키워드 하나가 곧 고객의 질문이고, 그 질문에 정확히 답하는 가게가 선택받습니다.

PART 4에서 전환을 설계했습니다. 대표 사진 한 장의 힘, 메인 화면 10초의 법칙, 예약 버튼 하나의 차이. 들어온 고객의 체류 시간을 늘리고 '여기다' 하고 결정하게 만드는 구조를 직접 만들었습니다.

PART 5에서 단골을 설계했습니다. 한 번 온 손님이 다시 오게 만드는 건 운이 아니라 시스템이었습니다. 피크엔드 법칙으로 마지막 기억을 심고, 톡톡 메시지로 재방문 트리거를 만들었습니다.

PART 6에서 모든 것을 하나로 엮었습니다. 플레이스는 단순한 지도 위의 점이 아니라 사장님의 브랜드 홈페이지입니다. 광고는 이 구조가 완성된 뒤, 마지막에 올리는 증폭 장치입니다.

사장님, 이 모든 과정을 통과하셨습니다. 이것은 단순히 책 한 권을 읽은 게 아닙니다. 고객의 눈으로 내 가게를 바라보는 관점을 갖게 된 겁니다.

이 책을 읽은 사장님은 이제 원리를 아는 사람입니다. 원리를 아는 사장님은 실행만 남았습니다. 부록의 자가진단표로 지금 내 가게의 점수를 확인하고, 빈 항목부터 하나씩 채워가세요.

사장님에게 드리는 마지막 말

1장에서 말씀드렸습니다. 자영업의 한자 뜻은 '스스로 경영하는 직업'입니다.

스스로 경영한다는 건 혼자 다 하라는 뜻이 아닙니다. 내 장사의 구조를 내가 이해하고, 내가 판단하고, 내가 결정한다는 뜻입니다. 대행사에 맡기더라도, 그 대행사가 제대로 하는지 사장님이 판단할 수 있어야 합니다. 유행하는 마케팅 기법이 바뀌더라도, 고객 행동의 원리를 아는 사장님은 흔들리지 않습니다.

한 수강생분이 이런 리뷰를 남기셨습니다.

'원리를 알게 되니까 순위가 좀 떨어지더라도 불안하지 않아요. 뭘 해야 할지 알거든요.'

이 한마디가 이 책의 목표였습니다. 플레이스 순위를 올리는 기술이 아니라, 어디에든 적용할 수 있는 원리를 드리고 싶었습니다.

저는 900건이 넘는 컨설팅을 하면서 한 가지 패턴을 발견했습니다. 잘되는 가게와 안 되는 가게의 차이는 실력이 아니었습니다. 구조를 아느냐, 모르느냐. 순서를 지키느냐, 건너뛰느냐. 딱 그것이었습니다.

사장님도 할 수 있습니다. 이미 그 구조를 알고 계시니까요.

마지막 체크리스트를 드립니다. 이건 숙제가 아닙니다. 사장님이 이 책의 주인이 되는 의식입니다.

- 플레이스 광고 태그를 50개 가까이 채우세요. 우리 가게와 관련된 키워드를 빠짐없이 등록하는 게 노출의 기본입니다.

- **오늘**: 내 플레이스를 모바일로 열어 첫 화면을 캡처하세요. 이것이 사장님의 현재 위치입니다.

- **이번 주**: 고객 방문 설계 6단계 중 가장 약한 단계 1개를 골라 개선하세요. 노출이 약한지, 전환이 약한지, 단골 구조가 없는지. 하나만 고르세요.

- **이번 달**: 자가 진단 체크리스트를 100% 채워보세요.

사업은 거울입니다. 사장님이 가게를 대하는 태도가 고객에게 그대로 비칩니다. 대충 올린 사진은 대충 스크롤됩니다. 정성껏 설계한 플레이스는 손님의 발걸음을 멈추게 합니다. 마케팅도, 장사도, 결국 사장님의 철학이 담기는 그릇입니다. 사장님이 구조를 이해하고 정성을 들이면, 그 정성은 반드시 고객에게 전달됩니다.

'월 3,000만 원이던 매출이 지금은 월 1억 원을 넘겼습니다.'

이 사장님의 놀라움이, 다음에는 사장님의 이야기가 되길 바랍니다.

매출은 감이 아니라 설계의 결과입니다. 사장님, 오늘부터 설계하세요.

그리고 사장님, 혼자가 아닙니다.

제 강의와 컨설팅을 통해 직접 실행해서 성과를 낸 사장님들이 이미 수백 명입니다. 그분들도 처음에는 '내가 할 수 있을까?' 하셨습니다. 중간에 포기하려고 한 분도 계시고, 컴퓨터가 어려워서 자녀와 같이 컨설팅받은 분도 계십니다. 그런데 하셨습니다.

프롤로그에서 만났던 미용실 원장님을 기억하시나요? 대행사에 180만 원을 주고 1년을 기다려도 신규 고객이 한 명도 오지 않았던 분. 저는 그 원장님의 플레이스를 무료로 잡아드렸고, 일주일 만에 결과가 나왔습니다.

그때 원장님이 전화로 하신 말씀이 아직도 귓가에 남습니다.

'이게 되는 거였어요?'

네, 됩니다. 사장님도요.

이 책의 첫 페이지를 펼쳤을 때의 사장님과, 지금 이 마지막 페이지를 읽고 있는 사장님은 이미 다른 사람입니다. 고객의 눈으로 내 가게를 볼 수 있는 사람이 됐으니까요.

사장님의 다음 이야기가 궁금합니다. 이 책을 읽고 변화가 생기셨다면, 인스타그램으로 언제든 알려주세요. 사장님의 성공이 다음 사장님의 용기가 됩니다.

부록.
업종별 고객 방문 설계
6단계 적용 체크리스트 / 용어집

1. 고객 방문 설계 6단계 자가진단 점수표

사장님, 아래 18개 항목에 체크해 보세요.

체크 개수에 따라 우리 가게의 현재 '구조 완성도'를 한눈에 알 수 있습니다.

5분이면 끝납니다. 솔직하게 체크하셔야 정확합니다.

T(Trigger) — 고객이 우리 가게를 떠올리는가?

- 고객이 검색할 만한 키워드를 3개 이상 파악하고 있다.
- 블로그·인스타 등 외부 채널로 타겟고객에게 홍보하고 있다.
- CRM 메시지(톡톡 등)로 기존 손님에게 정기적으로 연락한다.

S(Search) — 검색했을 때 발견되는가?

- 거점 키워드로 검색 시 1페이지에 노출된다.
- 작은 성 키워드 3개 이상 내 가게가 10위 이내로 노출되고 있다.
- 플레이스 광고로 작은 성 키워드에 노출되고 있다.

C(Compare) — 비교에서 선택받는가?

- 대표 사진이 고객의 검색 의도에 맞게 설정되어 있다.
- 플레이스 첫 화면의 3종 세트(영상, 쿠폰, 소식)가 전부 세팅되어 있다.
- 경쟁 매장 5곳과 비교했을 때 차별점이 명확하다.

V(Verify) — 검증을 통과하는가?

- 고품질의 사진과 생생한 경험이 담긴 고품질의 리뷰가 10개이상 준비되어 있다.
- 최신/추천 리뷰에 모두 답글이 적혀 있다.
- 상세설명에 고객의 우려에 대한 해답이 상세하고 읽기 좋게 적혀 있다.

A(Action) — 행동으로 이어지는가?

- 네이버 예약이 활성화되어 있다.
- 첫 방문 특전(쿠폰, 할인)이 설정되어 있다.

- 스마트콜·톡톡이 모두 활발히 운영 중이다.

S(Share) → T(재방문) — 공유하고 다시 오는가?

- 리뷰 작성 유도 프로세스가 있다.

- 멤버십/적립/재방문 혜택이 있다.

- CRM 메시지를 월 1회 이상 발송한다.

등급 판정

등급	체크 수	진단	다음 행동
A	15개 이상	**구조 완성**	광고로 증폭할 단계입니다.
B	10~14개	**기본 완성**	빈 항목부터 우선 채우세요.
C	5~9개	**기초 부족**	본문 해당 장을 다시 읽고 재세팅하세요.
D	4개 이하	**처음부터**	이 책의 순서대로 1장부터 시작하세요.

사장님, B등급이라면 낙심하지 마세요. 빈 항목 3개만 채우면 A가 됩니다. C·D등급이라도 괜찮습니다. 이 책 한 권이면 A까지 갈 수 있도록 설계해 뒀으니까요.

등급별 다음 단계 안내

D·C등급 사장님: 원리는 이 책으로 충분합니다. 이 책의 순서대로 1장부터 하나씩 따라 하세요. 4주 뒤 다시 이 자가진단표로

점수를 매겨보시면, 확실히 달라져 있을 겁니다.

B등급 사장님: 구조의 뼈대는 잡혔습니다. 빈 항목을 채우는 게 우선입니다. 아래 업종별 체크리스트에서 빈칸을 확인하고, 해당 장을 다시 펴서 하나씩 채워 나가세요.

A등급 사장님: 축하드립니다. 광고를 켤 준비가 된 상태입니다. 18장의 파워링크 전략을 실행하세요. 작은 성 키워드 3개부터 시작하고, 2주 단위로 A/B 테스트를 반복하면 광고비 대비 효율이 계속 올라갑니다.

2. 용어집

이 책에서 반복적으로 등장하는 핵심 용어를 정리했습니다. 모르는 단어가 나올 때마다 이 페이지로 돌아오세요.

플레이스 네이버 플레이스. 매장의 온라인 간판이자 브랜드 홈페이지.

고객 방문 설계 6단계(TSCVAS) Trigger→Search→Compare→Verify→Action→Share. 고객이 가게를 발견하고 방문을 결정하기까지의 6단계 행동 모델.

전환 고객이 검색에서 실제 행동(전화, 예약, 방문)으로 넘어가는 것.

전환율 플레이스 방문자 중 실제 방문을 한 비율.

거점 키워드 우리 매장이 가장 먼저 1페이지를 차지해야 할 핵심 검색어.

작은 성 키워드 경쟁이 적어 빠르게 1페이지를 달성할 수 있는 키워드.

큰 성 키워드 검색량이 많지만 경쟁이 치열한 메인 키워드.

대표 사진 플레이스 검색 결과에서 가장 먼저 보이는 대표 이미지.

대표 키워드 플레이스에 등록하는 매장의 핵심 5개 검색 키워드.

CPC Cost Per Click. 클릭당 광고 비용.

파워링크 네이버 키워드 광고. 검색 결과 상단에 노출되는 유료 광고.

톡톡 네이버 톡톡. 고객과 실시간 채팅 및 CRM 메시지 발송 도구.

CRM Customer Relationship Management. 고객 관계 관리.

LTV Life Time Value. 고객 생애 가치. 한 고객이 평생 가져다주는 매출.

CAC Customer Acquisition Cost. 신규 고객 1명을 데려오는 데 드는 비용.

피크엔드 법칙 경험의 정점(Peak)과 마지막(End) 순간이 전체 기억을 결정하는 심리 법칙.

제철 코어 계절·시즌에 맞춰 키워드·메뉴·콘텐츠를 교체하는 마케팅 전략.

A/B 테스트 두 가지 버전을 비교하여 더 효과적인 것을 선택하는 실험.

노출 고객의 검색 결과에 매장이 보이는 것.

소식 플레이스 내 매장 소식/이벤트를 알리는 게시 기능.

키워드맵 매장이 공략할 키워드를 체계적으로 정리한 지도.

사장님, 이 부록은 책을 다 읽은 뒤에도 매달 한 번씩 꺼내 보시기 바랍니다. 자가진단 점수가 올라가는 만큼 매출도 따라올 겁니다.

3. AI 활용 가이드 — 사장님의 실행 속도를 3배로 만드는 도구

AI는 사장님을 대신하는 도구가 아닙니다. 초안은 AI가 만들고, 판단과 수정은 반드시 사장님이 하세요. 이 책에서 배운 원리를 아는 사장님이 AI를 쓰면, 2~3시간 걸리던 작업이 10분이면 끝납니다. 원리를 모르면 AI가 만든 결과가 맞는지 틀린지도 판단할 수 없습니다. 순서가 중요합니다. 먼저 원리를 이해하고, 그 다음에 AI로 속도를 올리세요.

사용할 도구는 ChatGPT나 클로드 같은 무료 AI면 충분합니다. 추가 비용은 들지 않습니다.

프롬프트 사용법 — 복사해서 붙여넣기만 하세요.

프롬프트는 복사해서 AI에 붙여넣기만 하면 됩니다. AI가 필요한 정보를 하나씩 물어보고, 사장님은 답변만 하면 결과물이 나옵니다. [대괄호]를 채울 필요 없습니다.

사용 순서:

1. 원하는 프롬프트를 통째로 복사한다.
2. ChatGPT나 클로드에 붙여넣기한다.
3. AI가 질문하면 답변한다(업종, 지역, 강점 등).
4. 결과물을 확인하고, 수정이 필요하면 '이 부분 바꿔줘'라고 말한다.

꼭 기억하세요: AI가 만든 키워드는 반드시 네이버 키워드 도구(searchad.naver.com)로 검색량을 확인하세요. 검색량 0인 키워드는 아무리 그럴듯해도 쓸모없습니다. AI가 만든 리뷰·후기 문구는 실제 고객 리뷰로 교체하세요. AI 문장은 고객에게 진정성이 느껴지지 않습니다.

사장님이 복사해서 쉽게 쓸 수 있게 해놨으니 QR코드를 확인해주세요.

AI 프롬프트 가이드 QR코드

플레이스 설계자

초판 1쇄 발행 2026년 04월 29일

지은이 은성원
펴낸이 김상현

콘텐츠사업본부장 유재선
출판팀장 전수현   **편집** 윤정기 심재헌 이경미   **디자인** 강준선
마케팅팀장 엄재욱   **IMC파트** 남소현 이영섭 배성경
미디어파트 김예은 정선영 정영원 정수아
경영지원 이관행 김준하 안지선 김지우

펴낸곳 (주)필름
등록번호 제2019-000002호   **등록일자** 2019년 01월 08일
주소 서울시 영등포구 영등포로 150, 생각공장 당산 A1409
전화 070-4141-8210   **팩스** 070-7614-8226
이메일 book@feelmgroup.com

필름출판사 '우리의 이야기는 영화다'

우리는 작가의 문체와 색을 온전하게 담아낼 수 있는 방법을 고민하며 책을 펴내고 있습니다.
스쳐가는 일상을 기록하는 당신의 시선 그리고 시선 속 삶의 풍경을 책에 상영하고 싶습니다.

홈페이지 feelmgroup.com   **인스타그램** instagram.com/feelmbook

ISBN 979-11-24468-12-8(03320)